20 世纪中国图书馆学文库·21

图书馆图书
购求法

邢云林 编著

圙 國家圖書館出版社

本书据正中书局 1936 年 10 月初版排印

沈　序

　　购求，是图书馆首当其冲的一件事，求的方法，各图书馆谅能知之，至于订购图书，如果办得不适当，不但多费时间与手续，而且经费，亦要多受些损失。

　　同学邢云林君，编图书购求法一书，以贡献于图书馆界。此书底稿，邢君曾寄来阅过。此书的长处，邢君是根据他数年来所任购求经验，和盘托出，尤其是他所服务的几处图书馆，如燕京大学图书馆、齐鲁大学图书馆及南开大学图书馆收藏那样丰富，规模那样宏大，购求的经验，当然是很充足。

　　很难得的一个服务的人，不肯自私，尽愿将他历年经验，写出来贡献于同人；而且是在他的工作紧张的时候，编成此书，那种精神和毅力，是值得我们赞许的。

　　还有一点，底稿中有几点没有提及，我曾贡献意见，他都加以采纳，这种不固执成见的精神便是著书人的长处。

　　近几年来，本校的同学，编译图书馆工具的书籍，不断的努力，如图书馆行政、经营法、编目法、分类法与图书馆财政、图书馆建筑以及其他，共有二十余种，各有一部分的贡献，今邢君编成此书，是又多了一种新贡献，故乐为之序。

　　中华民国二十五年七月十日沈祖荣序于武昌文华图书馆学专科学校。

田　序

　　大凡图书馆的存在,有三要素,就是图书、房舍、馆员,鼎足而立,不可缺一,其中以图书比较上为最要紧;馆员、房舍,在相当的时期中,尚可无增加或扩充的变动,若图书一类,不论何种的图书馆,皆须应读者之需要,随时增加,亦如一个百货商店,为应顾主的需要,时时输进新的货物一样。普通图书馆图书的来源,不外乎选购、征求、交换、寄存、捐赠等项,然在图书的收集上,选购是基本的来源。

　　迩来我国图书馆事业,因各方面的提倡,社会的需要,从事图书馆事业者的努力,日渐发达,然能专心置身于该项事业者,仍如凤毛麟角。关于图书馆学的出版物,虽不下百余种,然而对于选购图书的问题,除偶尔有单篇的文章见于报章杂志,或关于图书馆学书籍中,夹叙一章一节外,尚无专书论及之者。

　　邢君云林,以图书馆事业最关社会的需要,且对于图书馆学的研究,又富有兴趣,自民国二十年,由文华图书馆学专科学校毕业后,即供职齐鲁大学图书馆,著有相当的成绩。予自美回国,仍长燕京大学图书馆,馆务日益繁多,对于西文书籍采购事宜,势难兼顾,乃于民国二十一年聘邢君来馆,主持这一部分的事情。这几年中,邢君在工作上,可说是胜任愉快,在进修上,更能潜心研讨图书馆方面的各种问题,随笔记载,加以理论的润饰,便完成这本《图书购求法》。

图书购求法中的材料,十之七八,是邢君几年工作中经验得来的各种应用方法,并按各种图书馆的性质,在图书购求上应有的计画及手续,为之条分缕析,以有系统的、简明的文字,写成此书,实非拘执成规,徒事钞袭,于购求图书实际上,不能应用者可比;所以在他初稿完成的时候,予即促其从速整理付梓,以供从事图书购求工作的同仁,大家参考。

此书原拟由本馆出版,为燕京大学图书馆业余丛刊之一种,后来因为印刷、校对、推销、经费等问题,遂改为由一正式的书局出版,得以解决以上诸问题。

《图书购求法》的内容,已如上述,是由实验而发挥出来的,也许有的地方,只顾到实际,而违反了成规,只凭着主观,而却忘了原理;或是有的地方,在图书馆学理论上,没有甚么根据,在图书馆学方法上,或不甚适宜。凡此种种,甚望海内外同仁,加以教正。予与邢君同学,故敢直率说几句话,代为请教于大雅君子。

民国二十五年九月田洪都序于燕东园三十二号。

自　序

　　本书自民国二十二年春季起始编著,后以人事倥偬,旋作旋辍,至二十四年冬季,方能完竣。区区小册,费时三载,回首前尘,益信完成一事,的非易易。

　　本书取材,得之于经验者十之六,得之于参考者十之二,得之于师友指示者十之二,以是书中所论,匪特重视原则,而于实际情形,更加注意。所有方法,大部皆经试验,弗敢蹈空而尚玄论。然编者识短才浅,见闻谫陋,兼以此题重大,遗漏疏忽之处,当难或免,愿先进诸公勿吝珠玉,予以指正。

　　本书曾经三次修正,初稿字数约倍于本书。删改之点可得而言者为:

　　割弃工艺一章　此章专述装订、盖印、校对、贴签各种手续与方法,因友人主张此章内容与购求关联至微,应另行编印。按工艺事项原为购求善后问题,本可归诸编目部或独立一部掌管之。然大多数图书馆仍由购求部负责,故此章之去留,殊费斟酌,但为尊重友人意见及使本书简净计,遂毅然删去。

　　除去浮文及复杂方法　初稿中之方法,过于复杂者,或偏重于理想者,亦行删除。盖图书馆事务,应以"以简驭繁"为原则,手续愈简单,行之愈方便,错误亦愈少,本书原为实用,不能不有此大部之删改。

　　引书多未用原文　初稿引用各书,皆系原文,无奈字数过多,

4

意亦重复。于著者虽似忠实，于读者未必方便，遂采其大义，重为编述，此应郑重声明者也。

原来计画，于正文外，兼选下列各种名单，附录于后，以便应用。近虽完成大部，然较正文已超出数倍，若全部编入，反觉末大于本，于体未妥，故从略只录一小部分。所拟编者为：

中国书店举要。

外国书店举要。

选书必备之各种工具书目。

本书于汇兑及报关起货二事均未述及。按此二事，一关于财务，一关于运输，为购求者所应知，将来若有机会，当再补编。

本书之成，曾蒙沈少溪老师、田京镐主任、友人陆华深先生、薛瀛伯先生、刘伯才先生、李仲和先生及家兄伯麟等或赐序文，或加指正，或时常鼓励，或润色字句，多方协助，感激无已，特此志谢。燕京大学图书馆，于借书时，予以各种便利，并允许采用其各种表格，以作参考，尤深感激。

本书编著之经过，大抵如此，志诸册首，聊代序言。

永清邢云林树屏写于旧都怡斋，时民国二十五年八月四日。

目　次

引言 ……………………………………………………………… （1）

总论 ……………………………………………………………… （2）

　　名称

　　职务　（一）执行各种购求图书手续（二）改进购求图书方法（三）经管图
　　　　书经费（四）统计图书报告工作

　　组织　（一）分组（二）事务会（三）图书介绍会

　　职员　（一）人数（二）资格（三）训练

　　目的　（一）求适用之图书（二）节省经费（三）求方法便利（四）增加效
　　　　率

　　论余

图书经费预算与使用 ……………………………………………… （14）

　　预算之必要　（一）便于选书（二）划清权限（三）慎始终（四）节度经费

　　预算之种类　（一）无定式（二）固定式（三）半固定式

　　图书经费与全馆经费比例标准

　　图书经费分配法　（一）汤姆孙之分配法（二）学校图书馆图书经费分配
　　　　　　　　　法（三）培克之学校图书馆图书经费分配说

　　图书经费之使用　（一）分散制度（二）集中制度（三）分权制度

选择图书 ………………………………………………………… （23）

　　选择之必要　（一）求图书之精粹（二）节省经费（三）为著效用

　　选择须知　（一）图书馆本身方面（二）读者方面（三）社会环境（四）出
　　　　版界

1

鉴别图书要点　（一）实用书（二）文艺书（三）杂志与新闻纸

选择图书原则

负责选择者　（一）图书馆委员会（二）选书委员会（三）图书馆馆长（四）馆内职员图书介绍会（五）选书组（六）专家或普通读者

选择方法　（一）间接选择（二）填介绍片（三）实际选择（四）评阅报告（五）分析介绍片（六）选书委员会审查决定（七）注明取舍法（八）入序列（九）书店送来审留书籍（一○）核对预算（一一）购置复本

书店 ……………………………………………………………（40）

略说　（一）骨董式之旧书店（二）旧书出版家（三）旧书经售家（四）新书出版家（五）杂志新闻纸出版家（六）新书经售书店（七）杂志代订所（八）外国图书书店

选择书店　（一）标准（二）方法（三）须知（四）准备

订购 ……………………………………………………………（48）

订购书籍手续　（一）核对介绍单（二）检查有无（三）计算用款（四）选择书店（五）备底片（六）写订单（七）入序列（八）寄发

接收书籍手续　（一）收发票（二）拆包对书（三）转注（四）销预估书价账（五）书上标记（六）夹通告编目条（七）通知（八）登录（九）盖章（一○）付款（一一）送编目部（一二）送书库

订购意外　（一）误寄（二）催询（三）撤销（四）退换（五）应急

订购连续出版品手续　（一）连续出版品定义（二）订购杂志手续（三）收杂志手续（四）长期出版品之订购与接收手续

赠送与交换 ………………………………………………………（58）

赠送　（一）征求（二）征求方法（三）寄发（四）接收（五）致谢（六）审定（七）填片（八）题识（九）利用（一○）寄存

交换　（一）商业性质交换（二）友谊性质交换

登录 ……………………………………………………………（69）

登录目的　（一）统计（二）凭证（三）点查

2

单位问题……………………………………………………………

类从问题……………………………………………………………

登录法 （一）符号（二）地位（三）簿式登录法（四）活叶式登录法（五）
用书架目录替代登录法（六）用发单替代登录法（七）用订购片
替代登录法

注销

杂务 ……………………………………………………… (77)

收发 （一）收入（二）发出

记账 （一）流水账（二）书店账（三）总账

统计与报告 统计

附录一 表格样张 ……………………………………… (81)

附录二 书店举要……………………………………… (104)

引　言

　　图书馆基本事务，约言之，可析为三：曰聚集，曰整理，曰应用。聚集而后始能整理，整理而后始能应用，因应用而后始求聚集。此三者，如阶之级，链之环，彼此维系，互为因果，不可废其一也。所以从事图书馆事业者，无不兢兢业业，尽心竭力于斯三者。于是有分类、编目、典藏等法，以资整理；有流通、宣传、参考等学，以广应用；有订购、征求、交换等道，以求聚集。而三者之中，尤以聚集为开源务本之工作，图书馆首宜重视之。

　　聚集之道，亦非易易。言购买，何处去买，何者可买，购买之先当如何筹措，既买之后又应如何安置；他如采选方法，经营手续，与一切致有之策，搜集之方，以及行政方针，设施计画，种种问题，纷纭复杂，至乱至艰。且聚集图书，一为馆中采备原料，一为馆中节用财款；司入也，入则有裨于图书馆，司出也，出则无损于图书馆。图书馆之发展、适用、完备、大半胥恃于斯。外邦列聚集事务于图书馆经营法中，良有以也。况书款之分配，图书之选择，搜集之周详，账目之来往，办事之迟速；生纠纷，起争执，遭物议，莫此为甚耶！

　　既知聚集为图书馆之首要，又鉴于艰难如此之纷繁，故不揣简陋，综合聚集图书诸理论与方法，汇成斯书，倘有补于聚集者之取资，以固图书馆事业之基本，斯诚所愿也。

总　　论

　　聚集图书,原无定法,因时、因地、因势,各求其所宜而已。汉高祖入关,萧何收秦相府图书文籍,为汉代典籍储藏之基础,是得之于侵略也。汉武帝敕丞相公孙弘,广开献书之路,百年之间,书积如山[①],是聚于臣庶之贡献也。鲁恭王好治宫室,坏孔子旧宅,于其壁中,得古文经传[②],是得之于古遗者也。北魏孝文帝徙都洛邑,借书于齐,秘府之中,稍以充实[③],是求之于假借也。隋开皇初,牛弘上表,请开献书之路,于是下诏,献书一卷,赉缣一匹[④],是征求之法也。又开皇九年,诏天下工书之士,于秘书内,补续残为正副本,藏于宫中[⑤],是扩之于补充者也。贞观中,魏征等请购天下书,以宫人掌之[⑥],是购求之先河也。他如借书誊写,买于市场,搜于邱壁,访于异国,凡一切致有之道,莫不为聚集法中之一。更如郑樵之收书之多及求书之道有八各论[⑦],孙从添之《购求篇》[⑧],祁承㸁之《购书训》[⑨],尤为探本究源,精详透彻之作。然而无论其得之胜朝,或求之于民间,或献之于臣庶,以及郑、孙、祁三氏所论,其不能尽适用于现代图书馆无或爽也。此无他,时、地、势异乎曩昔故耳。现代图书馆之目标与古时藏书之意义,已大不相侔,所聚集之范围亦非昔比,况印刷术之进步,书业之膨胀等等,非皆足以使图书馆有其聚集图书之道,以适其所宜耶!

名称

夫图书馆聚集图书事务,不曰聚集而曰购求者何耶? 盖聚集者乃工作之总称也,其意含混而笼统。购求者聚集之法也,其意显明而兼备。是以言购求,人可尽知其为聚集之工作,言聚集,则莫明其如何而聚集也。况购求之名词,繇来甚久,《汉书》载:"高祖购求布千金,"而孙从添氏且以购求名篇,故吾主张仍沿用此名,较为恰当也。

现代图书馆对于聚集事务,设部管理,其名称每不相同,据所知者,或称采购,或称采访,或称选购或称购贮,或称订购,或称购置,纷然靡乱,不稍让外邦之名此部曰:Acquisition, Accession, Ordering, Ordering & purchasing 等等。而称购求者,尚属寥寥。

吾所以主张采用购求一名,并非标奇立异,或想推翻其他名称,仅以实事求是而论,购字可以包涵订购与购置等意,求字可以包涵采、访或选等意。总之购求能兼各名称之指意,而其他名称所言选、采、访无非言求书之一道而已。然此部所负之责,非止选、采、访,凡一切可求之道,亦责在必行。欲求名实相符,舍购求外,其他各名何能克当。仲尼谓:"必也正名乎,"吾愿正之以购求。

职 务

购求职务,甚为明显,凡图书购时求时所应作者,皆系本部之职务。或谓凡图书于未编目之先,所经过之手续,均为本部之职务,亦无不可。窃思本部职务,极为重要,虽顾名可以思义,然终有详释之必要。夫图书馆种类颇多,规模大小亦不一致,馆务遂有简繁,支配乃难尽同。从狭义言之,一馆购求部之职务,或多于此而少于彼,则无法语其详尽;从广义言之,馆与馆之间,虽有小别,而大致无甚悬殊。合其异同各点,汇而述之,盖购求部之职务,可得一轮廓矣。今总述其要务于下,以瞻其崖略:

(一)执行各种购求图书手续 购求图书手续,可以分为若干系统,分别掌管。购书手续则与求书手续不同。购书手续之中,复可分为购买与订购两小系。求书手续之中,复可分为赠送与交换两小系。购求之先,与购求之后,又可别为两小系。各系之中包括若干步骤,须依当时情形,按部就班,逐一办理。手续不乱,专在严密执行。不苟且,不偷安,勿以繁杂而不为,勿为之而不久。对于一切手续,必须眼到、心到、手到。手续为职务之名,执行则为其实。手续多,则职务繁,执行严,则职务尽。故执行各种手续为职务第一。至于手续为何,皆详于全书各篇中,兹不赘。

(二)改进购求图书方法 执行购求图书手续,不可不严,而所采用之方法,必图其精。方法之巧拙,左右工作效率之增减。方法须依事就情而生,同时仍须顾及将来,而留伸缩之余地。一法之用,可改而不可废,改则前功不致尽弃,废则完全付诸流水。法不可常改,改必知其所改之益何在,不可滞守,守则知其所守之益奚存。采用一法,或改用一法,关系全部工作效率之消长,故对于方法必须缜密思考后,方能决定,决定后,则必遵守之,以观其成。平日计划方法,应注意者为:

(1)本部在馆中之职务范围,及与其他各部之关系。

(2)本部之权限及能力。

(3)图书入藏经过本部所需要之步骤。

(4)与外交往事件之多寡。

(5)全馆之购求图书经费。

(6)用具及设备之精粗适当。

(7)将来扩大之可能。

4

(8)各书报所载之新法。

此外如机械之采用,与各种格式之预备,尤属重要。往往一法之改善,而能省若干时间与人力。此部事务,人咸认为机械工作,其实不然。倘工作时一如机械之轮转,其将来定无善果。固然改进购求图书方法,未有列入手续之中者,而其重要性,隐然而有过于其他之职责,故管理购求事宜,必须留心各种方法之改善。

(三)经管图书经费　图书经费为本部之命脉,事务繁简,恒视图书经费之多寡而断,事务进行之缓急,亦须视图书经费之盈绌,故图书经费非有合理之管理,则不能随时知悉其支存之确数。况图书经费每分为若干用途,每项用途,已用若干,尚存若干,或已透支若干,其详细状况,尤不可仰仗会计处所能代负其责。又如书已订购或已收到而款尚未付者,发单中有问题尚待解决者,更须由本部自行处理。款尽其用,书应所求,符合预算等等,必须管理得法。且选书时,于经费之数目,必须清楚,以作最后之决定。小图书馆毋庸多此手续,规模稍大者,此事绝不可漠视。用钱技术最难,不合经济之道,最易招引物议。又图书经费之分配,预算之调整,已往数目,乃系殷鉴。故此事虽管理经费之虚数,其重要较会计处之负责实款之支付不稍逊也。

(四)统计图书报告工作　每日每月每年工作情形,及图书数目销长状况,随时确实计算,清楚报告,不但依此可见工作努力之倾向,并可见事务发展之历程。按此纠其得失,正其偏废,而谋将来之改进,法至善也。然必须注意者,即为计算之方法是否可靠,报告有无虚伪。既用此以作将来推广之基础,复凭此而作已往之总结,倘有错误虚伪等情,匪特蒙蔽既往,难明真相,而且发展无依,贻害将来。此种事项,不仅本部视为要务,馆中其他各部亦应有此设施也。

以上所述四项职务,皆系购求部之天职,若有一项不能施行至于善处,其余职务亦必受其影响。然此不过举其荦荦大者,语其详尽,则将详述于各篇。

组织

　　购求为图书馆三大基本事务之一,前已言之。因其责任之重要,与事务之纷繁,组织上必须精密,方能职责有归,统驭较易。第图书馆之于此部之组织,亦颇不一致。有合购求编目两事为一部者,视此两事均系图书预备应用之过程,各种手续息息相关,合并进行,则相得益彰。亦有规模过小,人员不足分配,由总务部兼理者。顾图书馆之设部分组,其用意原非各立门户,彼此不相呼应,本系分工合作,互相表里。故自各部观之,各有专责,权限分明,自其全体观之,各部一如人身之器官,彼此维系,联成一体。是以合并之中,亦须分负职责,独立一部,更须与其他各部互相提携。其分离合并,无关要旨,通权达变,谋其适宜而已。然则此部之合于编目部,或归总务部,亦不能厚非也。若以现势观之,分者多而合者少,盖其事务繁杂,情形异殊,有以使之然耳。购求既可独成一部,其内部之组织,则不能不略为一述。

　　(一)分组　全馆分为若干部,购求部为其中之一。此部之组织,当以全馆组织之分配,与本部事务范围之大小而定,要言之,本部应设以下各组,分担众务:

　　(1)选择组

　　(2)订购组

　　(3)赠送交换组

　　(4)登录组

　　(5)杂务组

　　上列各组之职务与办事之手续,将于另篇详言之,今所欲言者,稍与全部组织下一解释耳。所列各组除订购组外,其伸缩性颇

6

大,例如登录组可以附属于编目部,赠送交换组可以另成一部,然就本部职务设想,暨全馆工作分配计划,似必分设以上各组,方能适宜。但各组之分配,并非固定式,应因时就势,定其取舍。然则如何观察而规定之? 常云:"图书馆事务无他,用笔记事而已。"按此语推之,则视本部所记者皆系何种记载,设组之问题,即可迎刃而解矣。总计本部之记载大约如下:

（1）拟购图书序列

（2）覆审图书序列

（3）备征图书序列

（4）书店序列

（5）长期出版物序列

（6）定期出版物序列

（7）订购序列

（8）收到序列

（9）赠送序列

（10）交换序列

（11）复本序列

（12）文件序列

（13）撤销图书序列

（14）寄存图书序列

（15）登录簿或其他登录序列

（16）书店来往账目

（17）收支总账

（18）各种用途分款总账

（19）收发文件簿

（20）收发图书簿

（21）装订序列

（22）其他

本部拟保持何种序列及簿录,按其采用之多少,即可决定事务之范围,范围既知,分组之事则无困难矣。若欲保持一切序列,势非分设以上各组,必难照料一切。分配如不均匀,匪特指导困难,责任亦必紊乱,故分组为组织中最紧要之事,不可不注意及之。

(二)事务会　本部分为若干组,合全部各组,组成事务会,集会次数及时间,可以酌量情形,预定妥善,遇必要时,可以召集临时会议。本部主任为会中当然之主席,由组长中选任书记一名,记录每次开会之议案。其余本部人员均须按时出席。所议事项,遇有重大或牵连其他部分者,即由主任提出全馆事务会,或转呈图书馆主任,以作最后之解决。成立此会之宗旨,一为全部人员互通声气,二为纠正已往,计划将来,三为解决本部事务困难及改善手续。本部人员愈多,则此会愈有成立之必要。此乃行政组织上不可缺者也。

(三)图书介绍会　为便利选书,与经济时间及精力计,图书介绍会之组织,裨益甚大。此会可由本部负责组织,聘请编目、流通、参考等部之主任及特别嗜好图书者为会员。全会最大之职责,则为熟知本馆藏书之优劣点,努力均衡之。同时留心新版书籍,各种书评,出版消息,扶助本部于最快之时间内,得到最好之图书。并注意读者之需求,而介绍适用之图书,有以满足读者良好之希望。此种组织于会员及本部均有利益,美国图书馆已有实行者。愿同仁酌量采取其长,或可得事半功倍之效。兹为清晰计,列表于下,以示其组织之统系。

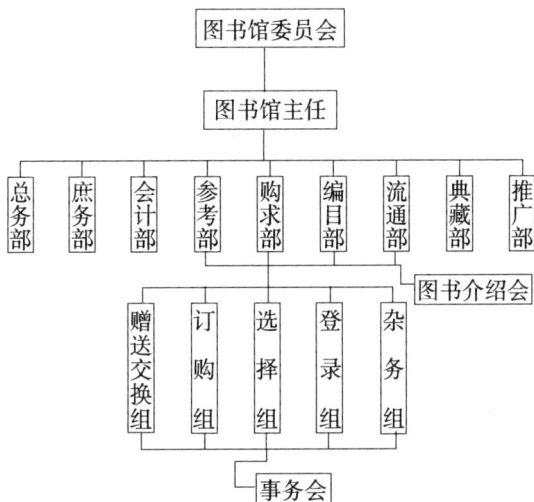

图书馆委员会

图书馆主任

总务部　庶务部　会计部　参考部　购求部　编目部　流通部　典藏部　推广部

图书介绍会

赠送交换组　订购组　选择组　登录组　杂务组

事务会

职员

本部职员人数若干,资格深浅,及如何训练,依次述其大略于下：

（一）人数　此部小者,馆长一人即可兼管,稍大者馆长兼任而佐以书记一二人,再大者可设部长一人,各组组长各一人,以下助手、书记、练习生若干人。人数多寡,悉依规模大小以为断。总之,本部与其他各部须有相当比例,方能工作平衡,而无闲忙之悬殊。最低之比例,本部与编目部之人数不得相差太多,庶乎可矣。

（二）资格　本部之职务,可判为两种,一专门职务,二普通职务。因此,职员亦可别为若干品级。属于专门者则有：(1)图书馆专家,(2)高等助理,(3)助理；属于普通者则有：(1)书记,(2)练习生等。各级人员资格,我国只馆长资格有明文规定,其余各级,

9

则无从查得。据美国图书协会之调查,全美于一九二六年时,已有七省定有章程限制馆员资格,如专门职员,非有一定之凭证,不能随便任用,其凭证之准予,规定甚详⑩。又该会调查所得,各级职员资格如次⑪:

(1)馆长　大学毕业,而受过图书馆学专门之训练,并有十年之经验,特具组织行政之能力者。或研究院毕业,而经过考试,认为合格者。

(2)副馆长　大学毕业,受过图书馆学专门训练一年,并有在图书馆服务二年至五年之经验者。

(3)部长　图书馆学专门学校毕业,服务五年而有成绩者。或大学毕业,又受过图书馆学专门训练二年者。

(4)组长　大学肄业二年,图书馆学专门学校毕业,而有服务二年之经验,并对于本组事务有特别研究者。或大学肄业三年,而在图书馆专门学校毕业,或有相当经验者。

(5)支馆馆长　大学肄业二年,图书馆学专门学校肄业一年,并有二年支馆之经验者。或中学毕业,图书馆学专门学校毕业,而在大图书馆服务有经验者。

(6)高等助理　大学毕业,或中学毕业而受过一年以上图书馆学专门训练,或相当之经验者。

(7)助理　中学毕业,而受过相当训练者。

于此资格之中可以见出经验、教育、训练为三大基本,尤以经验为重要。有时经验丰富,即可替代其他资格。然而此种限制,是否官样文章,则属疑问。吾以为杜瑞氏所言:"此部(购求部)专门职员除有高等学识及经验外,必须对于目录学有特别之研究,精通编目之法,能用参考工具书。普通职员,必须能写字打字,通簿记,办事敏捷,记忆清晰而准确"⑫,较为扼要也。

(三)训练　"养之有素,斯为之有方。"本部人员一如士卒,须有严格训练,方能合作,齐整努力,同时并可增其学识,鼓其兴趣,奖其勤勇,以厚本部之能力,而速其效率。训练之方法,不外随时竭力指导,与组织读书会等等。然负责领导者,须注意:(1)深其爱书之嗜好。(2)使其对于所事感有兴趣,而肯追求其理,以谋进步。(3)用心改善所用之物,所行之法。(4)奖励其养成优良之操守,与服务忠实之习惯。庶乎人员知识能力可以蒸蒸日上,而本部之事业亦可随之发展矣。

目 的

图书馆之有购求部与购求部之有购求法,其目的中最重要者约为:

(一)求适用之图书 古今中外,图书之多,难以数计,文化演进,一日千里。于此茫茫中而采求所用,几如沧海探珠,图书愈多,所求者愈小,则求之愈难。固然购求并非难事,第若达到求则必得,得则适用,则戛乎难矣。况图书存亡无定,求适用者于大数中固难,而求诸于稀少情形下,亦非易事。舍其无用,采其适用,则不能不知所认为适用者之正式书名、著者姓名、出版地、出版者、出版期、价格等等。览此数项,似乎简单,然因有一项不清,或致无法购求。故不得不讲购求之法,以济此困,使获得恰为其书,书正合其用。

(二)节省经费 同一书也,求有远近,价有低昂,版有先后,用有缓急,势有轻重,必须各审其所宜,而慎求之,颠倒错置,弊害立见。又同一书也,可得之于交换,可得之于赠送,可得之于购买,三者之中,必须择其最经济之道。又同一书也,名称不同,文字不同,或收于丛书,或载于杂志,习而不察,徒增无用之复本,亦非经济之道。又同一书也,可得之于英镑若干,美金若干,国币若干,以及其他货币。何者较为合算,不可不事先审计,以谋节流。又同一书也,可以直接向出版处购买,亦可以向经售处购买,有直接折扣较大者,有经售处价值反较便宜者。又同一书也,而装订不同,精装者贵,纸装者贱,何时取其精装,何时取其纸装,其中亦寓有经济之道。聚集图书原为应用,但其目的有甚于此者,即须力求经济是也。

(三)求方法便利 聚集图书之法,不外购求,而购求之法,恒有巧拙。未购之先当如何?既购之后当如何?购而不得,与得而不符又当如何?事有先后本末,法必兼筹并顾。无方法与有方法而不恰当,均影响购求之进行,劳心费力而无善果,与驾轻就熟而事半功倍,悉视方法巧拙以为断。故方法之便利,乃购求时必讲者也。

(四)增加效率 方法之讲求,手续之规定,工具之预备,与组织之计划时,凡省力、省时、省物、易知、易行者,莫不为其要素之一。盖为工作加大效率计也。作事效率,极关重要,书籍早到一日,早用一日,即早清结一事。一事清结,他事即可提前进行。书籍早用,读书早蒙其利,效率增加,馆中读者皆有益焉。然则效率如何以求,惟有讲求方法而已。

总而言之,上述之目的,可以归纳为一语如下:"购求部之设立,与购求方法之研究,其最高之目的,为用最少之代价,于最短之时间内,取得最适用之图书而已。"此种目的并非巧立名目,以自炫赫,设方法不以此为目的,则何用方法为!然能否达到此目的,是在行之若何耳!

论余

购求事务,既为图书馆首要之务,各馆宜慎重其事,自始至终,须有政策、步骤与计划,然后按照施行,而观其成。此种政策、步骤

12

与计划皆宜写出,并择要告知本部人员,以期全体动员,群策群力。若半途离职,而后之来者,亦有参考,以决其进行之方针。本部办事细则,亦宜写出,以备参照遵守。办事细则,对于新馆员,尤为有用,方法之贯彻,往往皆恃此种条则,而不致紊乱。尝闻图书馆旧人一去,而新任馆员恒茫然无所措手,即无条则之弊也。不特此也,即本部大事,亦须记录之,如书店往来账目之纠纷,内部久悬未决之案件,及偶然发生关于本部之事件等,匪特能佐记忆之不逮,而于将来之改革,为用尤大。此外国内图书馆尚有一通病,即为本部每感事多人少,只能竭力应付,而无暇思考改进。思想不周,力必妄费,结果非劳而无功,即困于事中不能自拔。且此部为全馆之一部,他部之健全与败窳,直接间接皆与本部有莫大之关系,是以本部第一先求健全,第二与其他各部亦须通体合作。以上所言,甚愿管理购求者倍加注意焉。

①《前汉书》 卷六帝纪第六
②《前汉书》 卷五十三列传第二十三
③《隋书经籍志》序文
④《隋书》 文帝本纪
⑤《隋书经籍志》
⑥《唐书艺文志》序文
⑦郑樵:《校雠略》
⑧孙从添:《藏书纪要》
⑨祁承㸁:《藏书约》
⑩A. L. A. :A Survey of Libraries in the United States,1927. Vol. 1,p. 97 - 98.
⑪A. L. A. :A Survey of Libraries in the United States,1927. Vol. 1,p. 25 - 29.
⑫Drury:Ordering Work. p. 4 - 5.

图书经费预算与使用

预算之必要

根据已往之历史,现在之情势,将来之需要,而计划一定期间用费之分配,是为预算。其目的系以预算为根基,作财政管理之准绳,于某一时期中,实行各种方案,可以一往直前,而无经济上之顾虑,且款项分配清楚,则盈亏易知,可以先为之计,而减少超过或余剩等弊。是以预算未定,任何事项,即无法进行,不特图书经费需要预算,其他用项亦如是也。论其必要约有数端,今条举于后:

(一)便于选书 图书经费于预算未定时,则选书无有依据,每于书之取舍,无法决定。有时知某书本应购买,因不能立决,致坐失于一时,而不能复购于异日,甚为可惜。原夫选购图书,类似经商,必须先知自己之财力与需要,方能肆力搜求。利用机会,购求迅速,皆须有自知以为之本。预算即依各种方法,推算而成,于藏书率、利用率、补充率,均经详细擘划,精心审察,为自知之惟一参考,是以选购者须臾不可离图书经费预算也。

(二)划清权限 选书用款之权,有不尽操于图书馆者,此种情形尤以学校图书馆为多。于是图书经费宜有合理之分配,以清权限。不然,各学系送来介绍图书单,购买与否,答覆时无所根据。

14

如每年图书经费支配清楚,甲系若干,乙系若干,即或不足,各系负责人亦可预先筹措,以资补充。故图书经费预算,匪特图书馆应视作聚集之要典,各选择者亦应准此以为标的,而用其所分之款也。

(三)慎始终 图书馆收书之要点,即为系统化。然藏书之系统,非永久如一而不变者,为适应当时之需要,故其系统每年必有修整,与相当之补充。图书经费之预算,即为此而作。如有合适之预算,不但可以纠正已往,并可广大效用,馆藏之发展,实利赖之。

(四)节度经费 有款不用,与无款妄用,其弊甚大,宜事先节度之。节度之法,即为按照预算用款,弊可自免。

观以上所举四条,可知购求之事,皆以预算为本源。故管理购求者,一方面须知有若干款项用于何类图书,又一方面须知何类图书应买,而馆中有无此款。所以图书经费须有预算。

预算之种类

预算为事业发展之基础,然因时势之关系,预算往往伸缩无定。有主张泥守预算之规定者,因预算曾经细心研究,如不遵守,似乎失去预算之意义。又有主张一年之久,三百六十五日中之遭遇无定,即明智如先哲,亦难决定将来一二月中所需要为若干。是以预算者,充其量言之,仅属一种大概数目之限制而已。有时预定某类用若干,又某类用若干,而实际适得其反,盖预算不能为绝对之限制。然因见解不同,遂有各种预算之采用,其种类可分为:

(一)无定式 预算虽经核定,而用款时并不受其拘束,可以自由支配之。假如图书馆所服务之环境,发生变更,当然预算之分配,亦得酌量活动,以求适应。如公共图书馆附近增设学校,或某种学术机关与团体,此公共图书馆对于彼等之需求,必须扩充,如学校中增添某种研究部,该校图书馆亦必增加一种特殊之要求,凡此皆足以使预算不能固定也。

（二）固定式　此类预算必须精细审核，每项均有极详实之分析数目，一经核定，每项数目，即绝对不能随便变更，至于购求事宜因此所受之影响，则不计较矣。

（三）半固定式　通权达变，调剂困难，为理事之便法。故预算亦有采半固定式者。此类预算，不必若固定式之精确，于支配进程中，随时可作合理之修整，以应其变化，然其总数则不能超过预算之规定。

图书馆情形不同，何种预算适用，采用时应加以选择。编者管见，学校图书馆宜用固定式，公共图书馆宜用半固定式，专门图书馆宜用无定式。质诸贤达，未识然否？

图书经费与全馆经费比例标准

最近中华图书馆协会图书馆经费标准委员会为提供教育部民众教育委员会之参考，曾拟定经常费支配标准，其中图书经费之标准为[①]：

	每月经费数	书报杂志等费百分数
子	一千元以内者	三〇
丑	二千五百元以内者	三五
寅	四千五百元以内者	三八
卯	六千元以内者	四三
辰	一万元者	五〇

按以上五项比例标准规定之原则，并未详言，但与美国图书馆协会所订公立图书馆之标准，图书期刊及装订最低为百分之二十五[②]，颇相近似。又与美国图书馆协会全美图书馆调查所得图书经费之

16

比数亦相差无几③。汤姆孙所著之《公共图书馆合理预算案》结论谓:"图书费、杂志费和装订费约占百分之二十"④,亦与协会所订之标准相仿佛。由此观之,中华图书馆协会所拟之标准,公共图书馆尚可援用。然学校图书馆图书经费之比数,是否以此为标准,或另定标准,提案中并未明言。以情势论,则应另作标准。查吾国学校经费之分配,向少定章,又因经费之拮据,尤使分配上感觉困难,以故无论公私学校,对于经费之分配,恒有两种现象,一为学校当局,至某时期,则宣布本年只有若干元为某项用,用者绝不能超出此数,似乎恩赏式之分配,一为由各部先拟预算,呈交学校当轴审核照准,成为剽分式之分配。前者不能谓为有计划之分配,后者虽有计划,亦多出于捏造,二者皆不足认为合理。是以桂质柏于其《大学图书馆之标准论》中仅谓:"图书之经费中,应以百分之多少购买书籍。"⑤有标而无准,盖有不得已之困难也。然则学校图书馆图书经费,究竟以何种比例为标准方为合理,此应急于规定。姑妄举标准如次,是否得当,尚待商榷。

大学　每学期学生每人图书费不得少于五元。

中学　每学期学生每人图书费不得少于三元。

小学　每学期学生每人图书费不得少于一元。

此种图书费专为普通书籍与杂志而用,如大套参考书,大套预约书,当另外计算。

图书经费分配法

图书经费之分配,考诸中西各图书馆之成例,盖有自由分配与依据一定原则分配两种。如法沟(Fargo)所拟三例,均未言分配之方法,所列百分之比数,能否为吾人之法则,吾颇致疑,惟其项目,尚足参考,今译于下⑥:

第一例

复本费　　　一百元　　　　　百分之十二又二分之一

补充费　　　三百元　　　　　百分之三十七又二分之一

杂志费　　　一百二十五元　　百分之十五又八分之五

新书费　　　二百七十五元　　百分之三十四又八分之三

共计八百元

第二例

英　文　　百分之三十

社会学　　百分之二十五

期　刊　　百分之十五

科　学　　百分之十

参　考　　百分之十

其　他　　百分之十

第三例

（1）普通使用——装订、订阅杂志及用品等。

装订杂志与重装图书　　二百元　　　百分之四十

订阅杂志　　　　　　　一百元　　　百分之二十

用品（卡片书袋等）　　五十元　　　百分之十

图画　　　　　　　　　十元　　　　百分之二

官利品　　　　　　　　十五元　　　百分之三

家具　　　　　　　　　五十元　　　百分之十

临时费　　　　　　　　七十五元　　百分之十五

共计五百元

（2）图书费

参考书　　　　　　　　四十五元　　　百分之九

普通图书　　　　　　　一百三十五元　百分之二十七

社会研究　　　　　　　四十元　　　　百分之八

美术工业　　　　　　　二十元　　　　百分之四

化学、物理、生物等科学　六十元　　　百分之十

法文　　　　　　　　　二十元　　　　百分之四

18

德文	二十元	百分之四
家事	二十元	百分之四
美术	十五元	百分之三
英文	二十元	百分之四
教育	十五元	百分之三
临时费	九十元	百分之十八

此可为自由分配之成例观之而已。

（一）汤姆孙之分配法　汤姆孙主张之分配法，系用图书流通统计数与图书每次流通消耗费为原则。无流通统计之图书，如参考书与杂志，则酌量情形，自由分配。由流通统计上求出各类图书应用之比数，然后再用每类每次估定消耗费乘之，则得各类图书应分之比数矣。每次消耗费之算式为：

$$消耗费 = \frac{书价 + 装订费}{流通数}$$

汤氏依照其主张拟定之图书预算表如次：

参考书与美术书	五百元	百分之九
杂志与装订	一千元	百分之十八
普通图书	一千六百八十七元五角	百分之二十九
小说与修理费	一千五百零五元	百分之二十六
儿童读物与装订	一千元	百分之十八

此法除流通比数为确知数，其余者，皆为估计数。估计数目往往不可执信，况预算如此作法，似乎专务适应环境，而无提高环境之筹措。图书馆之收集图书，固然以供给大众之需要为不二法门，但为谋读者之兴趣以及使读者探讨高深之学术起见，由供给中，尚须隐有引导之责任，作预算时能顾及之，方为尽善。

（二）学校图书馆图书经费分配法　学校图书馆图书经费之分配，有两种方法，一为按照各学系学生人数作比例，一为按照历年各学系所分之图书费平均数作比例。或者用选课人数，与授课钟点为比例，图书经费，一半以人数比例分，一半以钟点比例分，此法即为用人数分配之改进法。其普通参考书与杂志费等则由总数中抽出若干维持之。但专门之长期出版品,须由各学系图书经费中支付。

(三)培克之学校图书馆图书经费分配说[7] 培氏之分配法,为求合乎理论,捐弃一切之原则,而独创一说。谓用学生人数作比例之分法,则专重课程,其弊在多购复本,将来必流于书多用少。用各学系历来所分图书经费之平均数作比例之分法,将使馆藏贫乏者愈行贫乏,而流为畸形发展。二法皆不足取。故其主张先求每类书每年共出若干,依每类之册数为比例,然后再求每系所购,每册之平均价格,用价格乘册数,则为钱数之总比数。分配时再依总比数为根据,始为合理。此种说法,能否见诸事实,实属疑问。特于中国图书馆,尤不相宜。况此法所主张者系用每年所出之图书数量与图书馆所拟购者成正式比例为原则。此种原则只能解决买新书之问题,若买旧书,仍用此作原则时,则难通矣。

总观以上诸法,能合于理论而又实用者,可谓无有。推原其故,不外因图书馆性质既不固定,而环境与时代皆足以使收藏上随之变更。是以只就一条原则而分配经费,必有困难。须知预算之分配,乃技术之运用,非刻板式之定法。比例之规定,必须根据各方面之情形,加以详细之推测,凡增多或减少时,必有一定之意义。公共图书馆作预算时,必须顾到藏书率、阅览率、补充率,以及各类图书价值之等差。学校图书馆必须注意各学系之人数,课程之钟点,与利用之比较。如体育班当比国文班用书为少,军事训练班当比历史班用书为少,此系明证。预算之规定,绝非短促时间内即可将事,必须随时留心馆中情形,摘要记入来年预算大纲中,如此日就月将,而演出新预算之趋势,再用馆中各项统计作最后之决定,或者不失预算之真正目的也。吾国规模较大之图书馆,无不购买外国图书,是以中文与外国文字之图书,应有一定之分配。外国书价之昂,与运费之高,皆须注意。但以何种比例分配,当参考本馆情形为准则,不能预作定例也。

图书经费之使用

选择图书之方针与购书之手续,大部皆与经费使用有关。公共图书馆对于经费之使用,尚无问题。学校图书馆于图书经费之使用,其权恒无一定。全校图书经费有完全归图书馆使用者,有分与学院或学系使用者,有分与学系使用,而图书馆代为管理者,有图书馆与学系各有图书经费,而各不相混者。按情理论,图书经费应统归于一部,于分配及管理诸多方便。但事实常出乎情理以外,兹以各种分配情形,权且分称三种制度。

(一)分散制度 学校财政委员会划分各学系均有图书经费,图书馆另分一笔,作为普通图书费。如此各学系购书必用其所分之款,图书馆之图书费可由本馆自由使用。此种制度权限分明,图书馆责任似乎减少,然而每患各行其政,并无合作之利益,是为缺点。

(二)集中制度 此种制度,系学校每年将图书经费完全拨交图书馆,由图书馆全权处理,如何处理亦无定法,其权常操诸图书馆委员会,倘馆长与委员会得人时,此种制度最为适当。

(三)分权制度 此种制度,先将图书经费分交图书馆,图书馆然后用一定之比例,分配于各学系,用款之权则完全掌于学系,如学系久不使用,图书馆须通知,请其注意。此种制度,图书馆于用款权虽小,然于管理上与第二种制度无或稍异,盖以图书馆作中枢也。

无论何种制度,其使用必须依照预算。用多既不可能,用少则如同得而复失。每年开始即用尽所分之款,固不相宜,至年终结账时,再胡乱花出,亦非善法,总须依照预算分期用款,必使财尽其用,用得其当为至要也。

①《中华圕协会会报》　九卷四期　民国二十三年二月

②《美国圕协会》第五十五次报告书

③A. L. A. :A Survey of Libraries in the United States,1926,Vol.1,p.209. 美国各圕图书经费比数为百分之六八·一,最低者为百分之二八·九。

④Thomason:Reasonable Budget for Public Libraries.

⑤《图书学季刊》六卷一期

⑥Fa go:The Library in the School. P. 271 – 2.

⑦Baker, C. M. : Apportioning of College and University Library Book Funds. (Library Journal 57:P. 166 – 7,Feb 15,1932)

选择图书

选择之必要

选择图书为购求事务之初步,其余各种手续之进行,莫不发端于此,此步错误,其余一切,亦必虚用其力,徒靡其财矣。是以欲完成购求事务,非由此步着力进行不可。饥者不择滋味,盲者不辨色彩,识者惜之;而图书为文化之菁英,其功用远过于食色,岂可贸然收藏,而乱供之于大众乎? 故图书馆对于选择不能不重视之。论其必要,约有数端:

(一)求图书之精粹　吾国文化启发最早,自古迄今已有四千六百余年之历史。于此长期进化中,其载记始有龟甲金石,继有竹版缣帛,逮至雕版术兴,著述流传益广,故吾国载记之古,数目之大,举世莫可与京,世人比之浩如烟海,诚哉言乎。自晚近科学进步,印刷方法,益为突飞猛进,产量之多,实非吾辈所可梦见,据布朗氏之估计,全世界每年可产十四万册,按此情形可以向上推五十年,总数可达七百万册。倘各国自有载记以来,扫数计入,其数之大,当不只此[①]。英之伦敦博物院,法之巴黎国立图书馆,美之国会图书馆,均以藏书四百万册称雄世界,但以产量衡之,尚渺乎小矣。然而图书之数多则多矣,苟细研究之,学有专科,说分派别,各以意旨之不同,文字之不同,而有因地因时因人见其轻重,虽云图书为天下之公器,而天下人视之亦有取舍兴废也。且书有好恶,学有新旧,偏僻者,伪谬者,过深者,特浅者,地域区别,需要悬殊,举世之书尽归掌握,既不可能,但亦无取尽用竭之必要。曾国藩曰:"书之浩浩,著述者之众,若江海然,非一人之腹所能饮尽也,要在慎择焉而已。"图书馆之购求,吾亦云非慎择无以选精拔粹于书海也。

况图书之中,情形极为复杂,有实同而名异,而板异,而文字异者;又有古书为今书所包者,或散见于群书者,凡遇此种情形,不难得其一而概见其余,诚所谓举马一体,而马未尝不立于面前。故图书馆之购求,不在多,而在精,不在豪富,而在应用。得一书必得一书之实,而有一书之益,不为前人所谩,不为数大所迷,须用淘沙检金方法,择其精华,弃其糠秕,此图书馆购求之所以必须选择者一也。

(二)节省经费 图书经费有限,而图书数目无穷,以有限之经费,购无穷之图书,倘不尽力撙节,势必财可立尽,而书无善本。曹溶曰:"近来雕板盛行,烟煤塞眼,挟资入贾肆,可立致数万卷,于中求未见书籍,如采玉深崖,旦夕莫觊。"②祁承㸁曰:"……倘一概求之,或以千里邮至,或以重值市归,乃开箧而已有在架。"③由此观之,购书易,而购有用之书难,购有用之书而能省经费为尤难也。书可得之于征求者,而妄购之,浪费也;书有数种版本而购其最下者,以致不能适用,枉费也;书可求诸近,而反求诸远,以至时间金钱均有损失,浪费也;书与代日增而与代日亡,不求于有时,日后反重金求索,枉费也;无论如何,枉费一分,购买力即少一分,读者即失一分之神益。反言之,多省一分,购买力即雄厚一分,馆中即可多得一分之图书。丁此世界经济恐慌时期,任何图书馆经费必不能丰足,倘用之不当,不但发展受其影响,而社会无形中亦受损失。如此经营图书馆事业,将何以慰群众之望乎?是以购求图书,为极易浪费之事,而亦为最易省钱之事,其关键则在能否精细选择而已。板取其精,价求其廉,用应其急,不置无味之复本,不备无用之闲书,买一书当知一书添入馆中之必要,出一钱须得一钱之代价。苟能如是,虽不云特省若干,最低限度而可免浪费等弊。图书过多,不能不选,出版情形复杂,不能不选,经费有限,尤不能不选,此所以图书馆购求图书必须选择者二也。

（三）为著效用　图书馆之最后目的,即为应用,然应用之大小,则视收藏之精粗以为断。所以图书馆之优良,则恃收藏,而收藏之精粗,则端赖乎选择。杜定友曰:"古人读书难于购买,今人读书难于选择。"[④]旨哉言乎。书犹兵也,兵可百万之在御,不可以一卒之不练;书可以百万卷之坐拥,不可一书之不选。士卒不练,则军心难强,图书不选,则效用不著。何则?图书馆性质不同,群众之需要亦异,故不能不选择,以适其所宜。图书之类至繁,若以书论书,固然各有相当之价值,若以适用于不同之图书馆观之,则有重轻之别矣。文言之俗雅,内容之浅深,学术之科别,莫不各有其专用。倘不审择,一概求之,颠倒错置,不但耗费资财,而有用之书,反置于无用之地,亦可惜也。所以购求图书之先,必须审夫本馆之宗旨,群众之需要,与图书各方面,互相对照,倘均适合,然后再事购求,则求一书即得一书之实矣。图书馆为推进文化机关,其势力,潜移默化,于社会之风尚良替,关系甚重。读者苦选择之难,而图书馆应以此难为己任,是以选择非但图省经费,而使图书馆能著效用,尤为重要。

总而言之,为求图书之精粹,为图省经费,为著效用,此三者使购求图书,不能不慎选择。选择能精,而购求始能纳入轨道,完成藏书之目的。图书馆有先聚图书而后设馆者,并未曾稍加选择,此所以有名无实之图书馆,满目皆是也。

选择须知

选择图书，以事务言，以责任言，的非易事。故负此责者，必须精细慎重而后可。对于图书馆与图书之各方面，应有充分之认识，敏锐之观察，灵巧之方法，周详之手续，庶乎可免措置之不当，而达到读者得其书，书尽其用之目标。因此选择者，最低限度，须有下列之基本认识后，方能进行。

（一）图书馆本身方面

（1）宗旨 图书馆收书宗旨，细分之，各自不同，然粗分之，有两种区别。一种为规模宏大，无所不收，一种为范围狭小，只收一小部或某一类而已。前者为博物院式之图书馆，凡称为书者，无论新旧好恶有用无用普通善本，皆兼收并藏。其宗旨并不十分注意选择，以为举世之书尽存于此，任何读者未有不能得其需要者。后者为实用图书馆，收书不务其多，只重其用，采其精，其稀世珍品，可看而不能用，或与宗旨不合者，则宁缺毋滥。故选书第一应知本馆之宗旨，然后本此宗旨而定选择之范围与系统，庶几选书方有定向，而不致彷徨耳！

（2）经费 经费为购求之源泉，款数多少与收书数目关系至切，不可不知。选书时必须以图书经费预算为标准。书籍价目，高低相差甚多，有时尽其预算不足选购数本者，有时无相当书籍可买，竟致一文未用，此等情形，专恃选购者之调和，设法利用，不使其发生超过或余剩等情。如超过预算，则影响来年之分配，余剩则失去利用之机会。选书固然困难，而选书有预算之限制尤为困难。有选书之技能，复有用钱之才干，然后选书庶乎可也。

（3）典藏状况 何种书籍馆中最多最好，又何种书籍最少最弱，多者好者与少者弱者是否合乎收藏图书系统比例。何类可以暂时停选,何者已陈腐破烂,必须取销,否则,读者借阅,害胜于利。何者应加修理或再事补充。再者现在藏书率及借书率,与购求率是否吻合,购求率有无修正之必要。选书者必须详作比较,拟出方案,循此前进,或可免偏于个人意见,而忘其全体也。

(4)忖度情形 选择图书,应审情度势,以定取舍,读者需要缓急,与书籍轻重,必须平衡。读者需要虽急,而书并无若何价值,不可购也。读者需要虽缓,而书实为名著,不可不购也。又出版情形,亦左右选择缓急,譬如一书出版,其书至佳,如断定于数十年以内,决不至绝版者,可缓购也。假如新出名著,风行一时,而印刷却有限制,倘时机一失,则不易得,应速购也。此外仍须注意用者之多寡,如需要急而用者众,则速购,需要急而用者寡,则迟购,如需要缓而用者众,与需要急而用者少,均须酌量处理之。

(二)读者方面

(1)程度 读者乃图书馆之主人翁,收藏图书,原供读者之使用。若读者不能使用,或用之不适宜者,皆不能入选。其适用与否,与读者程度颇有关系,读者之程度以及所受之教育与年龄可分为三级:

(年龄) 　(程度)

(甲)儿童 　初级小学程度

(乙)青年 　中学程度

(丙)成人 　大学程度或专家

学校图书馆或儿童图书馆对于程度最易分别,但公共图书馆,对于青年及成人之程度恒苦不能判断,都市中之读者,普通程度则较乡下为高,内地与交通便利之地方,程度亦必有深浅,若有当地户口之详细调查,固然方便,倘以为调查不甚可靠或嫌其不详,则只有借用注册之统计,于此可以见出读者之一般程度。

(2)职业 职业能左右读者之需要。学校、医院、商埠、乡村、兵营等地方之读者,职业必不相同,选择者应注意于此不同职业中所生不同之需要,设法满足之。

(3)欲望 欲望似乎为一种空洞之意识,不易捉摸。其实细心观察,亦易发现,读者之介绍单,参考部所收之问题,与借者之统计,全可以见出读者意识之倾向,设其欲望正当,选择者应迎合其心理选书,以尽辅助读者之责。

(三)社会环境 图书馆所处之地方,与选择亦有关系,假如图书馆位在都市,附近图书馆亦多,又可互相借用,若遇大批或贵重图书,宜加慎重,倘其他图书馆皆已备有,则本馆即不必再置,留此书款而置备其他图书馆所未有之图书,如此其他图书馆亦可借用,经济贫乏之图书馆,不能不利用环境。

(四)出版界 选择者务须明了出版界之情势,平时对于书店、学会,以及各机关出版消息,应尽力搜罗。各报纸杂志中之新书广告、书籍介绍、批评、营业扩充、优待办法、廉价时期、倒闭、封锁、合并,以及其他关于书店之消息,必须注意及之,择要记入书店序列,于选书时有莫大之补助。一书如有数家出版,何家出品最好,最便宜,亦非深知出版情形者,不易判断。至于如何探访此种消息与如何记录,将于书店篇中详述之。

鉴别图书要点

以上所述各点为选择图书之背景,选择者,理宜精详审度,透彻明了,以树选择之标准,而适应环境之需要。然后进行有所凭藉,或可免意外之错误。背景之认识,乃选择图书之准备,其要义以认清图书馆立场为前提,而后准此配书。鉴定图书,乃以书论书,知书而后选书,其要义是由群籍中,选拔精粹,以适合图书馆之需用,为实地之选择。两者相权,固皆重要,若以事务繁简难易论,前者似乎简易,后者较为繁难。因其繁难也,而选择之责任弥重,故于鉴定图书各要点尤须致力焉。

图书馆选择者之鉴别图书，无异于常人，其不同者则为方式，常人鉴别图书，恒少一定之方式，不失于偏袒，即失于情感，而图书馆选择者，鉴定图书，无成见，无党派，无国别，以大公无私之心地，冷静旁观之态度，就书之各方面观测之。详解细剖，不文其劣点，不灭其优处，一一比较，而定取舍。然而图书数量甚大，办公时间甚促，为求效率计，则不能不定一种方式，以便择要鉴别，医生诊脉而知病源，鉴别图书之要点亦如是也。

图书馆聚集图书，以其特性及其功用，可分三大类鉴别之。计：

（一）实用图书

（二）文艺图书

（三）期刊及新闻纸

（一）实用书　实用类图书，可按下列要点，分别审定，或抽查书中数点，其书如何，不难断定。

（1）著者　团体抑个人，倘系个人，须注意其教育程度如何，经验深浅，写书之准备，如历时之长短，事实之搜罗，与理论之偏正，以及其他著述，平日之主张等。如属团体，则视此团体，为官为私，以学术为目的，抑以营业为目的。应有根本之认识。

（2）书名　有无变更及其他情形（如曾在某杂志发表以后，再编成书等情）。

（3）出版者　是否驰名书店。

（4）出版期　久远或新近。

（5）版次　初版抑再版，有无补正删改。

（6）册数　卷数，函数，叶数。

（7）价值　昂贵抑低廉。

（8）纸张　洁白黧黑，平滑粗糙，坚实松软，反映力强弱。

(9)印刷 清楚否？美观否？墨色浓淡，字体大小，字体派别，如正楷、宋体、古宋、仿宋等等排列错乱否？行之长短疏密，篇叶之大小，书眉书脚之宽狭，边栏之大小，书口有无印字？图像之清楚模糊，地图表格之正确错误。装订材料及方法等皆宜审察。

(10)思想 超卓，平庸，见地远近高低，着重点为何？

(11)目的 记载：记物之内容及状态，记地方之形势或风景，记个人言行及性格，记事件之原委因果。论辨：说谕，倡导，剖辨，质驳，批评。抒情：奔迸，回荡，含蓄蕴藉。

(12)作用 属于身心，属于物质，其他。

(13)范围 空间，时间，科别，宗旨等。

(14)内容 详细，简略，宽广不精，节略辑要；实用，谈理；综合，分析；忠实，虚伪；系统，错乱；客观，主观；有无私见；有无党派，守旧，维新；专门，普通；正确，疏漏；国际，国家；本国，外国；本地，邻境；平均，偏重。

(15)体裁 专论，短文，课本，传记，注疏，翻译，考证，纲要……等。

(16)取材 材料多少，难得易得，上选，次要，亲身经历，研究心得，新的发明。

(17)编法 完备，简略，有无引用书目，索引，附录，注释等。

(18)文词 文言，白话，易懂，艰难。

(19)文法 特殊，平常，典雅，通俗，通畅，涩滞。

(20)文情 清醒，笼统，有力，乏味。

(21)用途

　(甲)读者方面　成人，青年，儿童；学生，教员，专门家。

　(乙)图书馆方面　为普通阅读，为参考，为支馆，为研究。

（22）批评　杂志报章及书籍之批评,可参阅所评之优劣点。

（二）文艺书　下列各点,乃为鉴别文艺书籍而设想者,此类书籍大半包括诗、赋、词、曲、歌、谚、谣、剧、小说及其他游戏文章等。倘一书可归入实用类,又可归入文艺类者,可参用此二类各要点,以定书之取舍。

（1）著者　资格,天才,经历,写书之动机,背景,其他著作,负声望者抑新进者。

（2）体裁　诗、赋、词、曲、歌、谚、谣、戏剧、颂词、寓言、格言、楹联、墓铭、传记、小说,又翻译、标点、校正、批评,每体尚可细审,如小说,则看其为新体或旧体,再看其写法为章回、琐语、评话,抑长篇、短篇。

（3）设计　简略,完全,创造,旧套。

（4）背景　时期,地域,情状,人物。

（5）文字　韵文,散文,方言,俗话,文言,语体。

（6）文法　（与实用书同）

（7）表现　个性,家庭,社会,大自然,感觉,情绪,印象。

（8）派别　古典,浪漫,写实,自然,理想,象征,其他。

（9）功效　感动,娱乐,鼓舞,沮丧,良善,愉快,有害,其他。

（10）描写　强烈,平淡,有无价值;鄙陋,华贵,夸大,合理;有无色彩,其他。

　　（印刷及用途各项可参阅以前所举各点）

（三）杂志与新闻纸

（1）编辑人　资格,声望,有无党派及政治之活动与背景。

（2）投稿人　普通投稿及特约投稿人之资格与声望。

（3）选稿　技术如何? 见识如何? 严酷抑宽泛? 丰富抑贫乏?

（4）编辑情形　紧凑抑松懈? 诚实抑虚浮? 励精图强抑仅能维持现状?

(5)体裁 记载,评论,抒情。

(6)科别 普通,时事,宗教,社会科学,自然科学,实用科学,史地,妇女,儿童,其他。

(7)文字 本国文字抑外国义字? 如系本国文字,文言耶? 白话耶?

(8)材料 丰富,贫乏;精良,窳劣;消息快慢,正确,讹误;广告多少;文稿长短;专门,普通。

(9)总目引得 每卷或每年有无总目或引得?

(10)特点 何者为其特长? 其特长可取否?

(11)印刷 纸张,字体,篇幅,排列,卷数大小,装订,印刷等,尤须注意其适当耐久否?

(12)经营 营业性抑非营业性,邮送方法及快慢,资本大小,价值贵贱。

选择图书原则

选书先有背景认识、鉴别能力以为基础,然后立定原则,本之进行,则必无出乎轨范之虞。国有法律,匠有规矩,故选书之确定原则,其义一也。兹举普通原则共二十四条,以见大略,至于图书馆有特殊情形者,可以参照自行细加增订之。

原则

(1)选书必须注意各项分配之比率,务使其与图书经费预算相吻合。

(2)以获得高尚图书供诸读者为最高之目的。

(3)选择图书,须含永久性,无论现时或将来,均可资学术之参考,可供身心之修养,或可为娱乐之兴奋。

(4)确定采选政策,永宜恪守,非证明其不适宜或有更较完善之政策时,不可轻于改变。

(5)选择图书,须能代表人文于物质、精神、道德之发展。

(6)选择图书,须力避个人之偏见或嗜好。

(7)注意环境需要与必要,不可盲从。

(8)注意时事,于可能范围内,须供给充足新知识材料。

(9)点缀节期之读物,须慎加选择。

(10)注意乡土史料之搜集。

(11)眼光宜正大,勿信少许顽固辈之偏见,应细审书籍之内容,关于宗派及宣传等书,非有切要,不必采购。

(12)小说于读者功用最大,然其害亦大,故须注意真正杰作。

(13)图书版本,必求其坚固耐用,纸张坚韧,字体合宜,印刷明朗者,缩印本与奢华装饰本须避免之。

(14)对于出版家、著作家与作品及价格,必须明了一切。

(15)设计明了读者之需要,分析其欲望之偏正,于选择时要以增进其知能,发展其学识为要务。

(16)慎毋购置现在或将来都无必需之图书,但善本不在此例。

(17)专家、领袖人物或饱学之士所介绍之图书,当尽量购置,而不可超过经费预算。

(18)大部图书及期刊之购置与补充,宜慎审其需要性之高低。

(19)设计合作,节省财力,由当地起以推至全国。

(20)举办特别收藏,必须有完全计划后,始可实行。

(21)选书时务必知馆中已有之收藏状况。

(22)预约书与复本书之购置,必须审慎。

(23)馆中已有之书,应随时检阅,凡已无效用,过于陈腐,无益于阅读者,须酌量撤销。

(24)凡图书已破坏不堪,宜按情形而定补充或修理。

负责选择者

选择图书责任,应归何人担负?在公共图书馆,负此责者,大约为:

(一)图书馆委员会

(二)选书委员会

(三)图书馆馆长

(四)馆内职员图书介绍会

(五)选书组

(六)专家或普通读者

以上所举者,固然均负一部责任。因各个职权不同,而所负之责亦有轻重大小分别。故对于各个之责任,不能不稍进一解。

(一)图书馆委员会　此会监督图书馆之一切,特于经费之分配,尤须注意,所以对于图书经费之支用,与其他款项之支用,均宜同等精慎审察也。图书之选择为支用款项之准备,是以此会之负选书责任,乃义不容辞。固然此会不必亲自选书,然于图书经费之分配与调和,必须酌量。

(二)选书委员会　图书馆委员会每为慎重选书起见,而设选书委员会以专责成。然如何执行其职务,则恒无一定。有图书必须经过此会认可,方能购买者;有由此会拟定大政方针,交馆长执行,如无大事,则馆长尽可全权处理者。规模愈小之图书馆,愈恃此会之襄助,特于未有相当馆长时,此会之责任更重。图书馆规模愈大,组织愈完备,馆员程度愈深,则此会之职务愈减。以现在趋势论,似乎此会仅为名义责任,倘选书必须时常聚会,一则时间不足,二则买书效率必亦锐减。设馆长及馆员经验程度均适合时,选书责任可以完全托彼辈全权办理。为慎重与尊重此会之意见计,可将拟买之书,先备一单,送呈此会主席,于一定时期内,主席无异议表示,即行购买,然对于贵重或大部书籍,以及大批期刊物等,应先得此会同意方为妥适。关于选择难应付之问题,与难决定之事务,亦应呈交此会解决。

（三）图书馆馆长　选书之成功,有两大要素,一为馆长有权柄,有学识,二为拟定选书之标准。二者之中馆长之得人尤为重要。馆长介乎委员会与读者之间,一方面执行图书馆之方案,一方面接近读者,察时观势,酌量情形,予读者最满意之服务。故馆长必须时刻惦记为读者采选知识之粮。

（四）馆内职员图书介绍会　馆长或购求部长一二人之精力有限,为选择精细计,应组织此会,共负搜集审查解疑之责。此会可为特殊者,可为正式者。于固定时期召开常会,每人担负一类书选,如此则选择易精,而效率易速。至于此会之组织法,可参阅总论中图书介绍会条。

（五）选书组　选书组之组织,非规模较大之图书馆,不能设专员独任此组事宜,平时此组事务可由总务或购求部兼管。其事务大约如下:

（1）经管送馆审察留置图书。

（2）搜积工具书及材料。

（3）点查有无。

（4）收验介绍单。

（5）分析介绍单。

（6）排列介绍单,以备最后之决定。

（7）备购书单,呈交选书委员会。

（8）其他。

（六）专家或普通读者　图书馆原为服务社会,社会人士于可能范围内亦须帮助图书馆。如选择图书,图书馆之见闻有限,无论如何断难周备,是以不得不仰仗读者从旁协助之。倘能予图书馆选择图书之正确指导,匪特馆蒙其益,即社会全体间接亦受惠无穷。

学校图书馆与公立图书馆因环境等不同,其选择负责者亦稍有分别。固然图书馆委员会亦审察图书经费之分配,与厘订一切之政策,究不若公共图书馆委员会权柄确定。以故图书馆除参考书与普通书须秉承此会意旨进行外,其余专门图书,应归各学系负责选择。一因图书经费已划归学系,二因学系之对于各该系之需要比较清晰,故学校中各学系对于选择图书责任,反较图书馆当局为重。

然而选书之权,虽操之学系,图书馆却不可不负督催之责。如按学系分款,分而不用,极属可惜。苟学系迟延日久不选书用款,图书馆应行提醒,以免年终款销书缺之弊。

选择方法

方法乃因事而设,本节所言之方法,乃就普通图书馆而设想者。至于细微处,馆与馆间或有不同之需要,均可因时制宜,幸勿胶柱鼓瑟。

(一)间接选择 选择图书,最普通之法,即凭有价值之工具书中选择所需。历来藏书家之搜罗图书,莫不用此法。此种工具书,约分三大类:(1)书籍,如标准目录、专门目录等;(2)杂志报纸,如杂志后之书评、出版消息、图书介绍等;(3)零散材料,如书店广告等。但无论依何类工具选择,应标记号。记号必须划一,某种记号表示某种意义,点查时方为便利。普通用者约为:

(一)一横画于某项之上或以前,谓此书应行审察,如审察可以备置,此号颇易改为"+"号。画号用色笔最佳,如防污损书籍,则用铅笔亦可。

（＋）此号谓可以购买。

（＋＋）两个加号，谓可备复本，号下再注以某字，则指此复本可入某支馆或某种特藏。

（√）一挑谓图书馆已有一本，此号乃确知馆中有此书方可添加，否则勿轻易乱挑。

（○）一圈表示馆中尚少此书，此号可于点查本馆目录后，确知缺少，再为添加。

所用之参考工具，如单张或片纸，能一目了然者，标记后，即交馆员作介绍片。如系书本式者，翻检不便，标记后，可作临时索引于书之前，或加纸签于标记处。

（二）填介绍片　选择毕，即可填介绍片。或于点查目录后，再填亦可。此片应归一人填写，免有重复之弊。此片填写愈精细愈适用，如所凭之物能剪下时，则剪下附于片上最为合宜。填妥后，即排入拟购序列中。此种序列包括一切之介绍片，可按著者、书名或学科排列，作为临时之参考。

介绍片格式不一，附录（一）一号至三号所举三种为各馆所习用者。片中各项务必详细注明，无论何人介绍图书，用此种特备之片方为适合。随便书一纸条，或过于潦草者，极易误事，宜力免之。

（三）实际选择　大图书馆往往与书店约定，凡新出书籍，可以选送馆中，以便选留，于选择上甚为便利。若听书店随意选送，未必适合，故有时可派馆员，先到书店从宽检选，亦为合宜之法。图书送到时，即照发单点查，粗分大类，列于架上。为防备紊乱计，每书夹上书签，注明何铺送来，何日点收，定价若干等，或用铅笔批于书后，批注可用预先编好之暗码。二法均有相当之优点，夹签则易遗落而不损书，批注沾书而无遗落之弊，皆可用也。每种图书，可请专人评阅，填注报告。评阅者应有选书之基本知识，如鉴定书籍各要点及选择须知等常识。苟知何书馆中确系无有，可交选择组作介绍单，连同报告排入拟购序列中，以待最后之决定。

（四）评阅报告　评阅惟一便捷法，即依鉴定书籍各要点，或按报告单中各项抽阅之。然而评阅者，欲就所见下一总评，亦无不可。盖评注有两种体裁，一为叙述体，一为评论体，但无论用何体裁，所评注须足供选择者之参考，乃为适当。

（五）分析介绍片　拟购序列于一定时间内，如每周或双周，可以检查一过，序列可以学科分排，可以按其来源分排。排列时，可以酌量，何者购买，何者征求，何者弃舍。应征求者，则转交赠送交换组执行。如遇有须特别速购者，应即提出交订购组办理，其介绍片可由主任签字，不必待委员会之批准。

（六）选书委员会审查决定　拟购序列，整理完竣后，可将书名油印若干份分送各委员，以作准备，或开会时将介绍片分开由各委员各自审定一部，作最后之决定。在大规模之图书馆则宜用前法，若学校图书馆则无庸经此手续，凡各学院或各学系之介绍单，除有特种问题外，均不必再事审查。

（七）注明取舍法　凡介绍片经审查后，决定如何进行者，可作号表明之，所用记号以简便为要。兹举下列各号代表其不同之情形：

（＝）表明立刻即买。

（≠）指此书有大折扣即买，否则不必。

（⊕）指此书如能征求，即可收藏，否则取销。不十分必要书籍，或十分贵重书籍，或可有赠送之希望者，均注此号。

（？）有问题须待解决者，则标此号。

（×）此号指明此书不在收藏之范围内，或从本馆立场认为毫无价值者，所以此号之加，必须慎重。

（八）入序列

（1）覆审序列　凡书决定不买者，则将介绍片废弃，凡标"？"号之介绍片，则排入此序列中，此类均为临时有问题者，可按其问题所在，区别分排之。

（2）备征序列　此种序列包括"≠""⊕"两种记号之介绍片，盖皆须等候机会再买。大凡大套书、杂志、绝版书可买而款不足者，均列入此序列中，于日后留心配补之。

（九）书店送来审留书籍　决定留置者，则送订购组，进行其余手续，其余者退回，或全数退回，然后再由订购组向书店去买。后举之法，离书店近者尚可，远者则不相宜，运送担负过重，则不如退而不置者之方法简单可用也。

（一〇）核对预算　介绍购买之书于未审定之先与既决定以后，须与预算互相对照，以视经费是否足用，免失超越或遗剩等弊。

（一一）购置复本　公立图书馆初买新书时，颇难断定何书应置复本及置几本复本。图书馆每先置一本，然后测其需用多寡，再增补之。复本之购置，亦无一定之标准，大多数以十人至二十人同时请求预借一书，此书即可备一复本。

①Brown：Manual of Practical Bibliography. P. 5 – 7.

②曹溶:《流通古书约》

③祁承爜:《澹生堂藏书约》

④杜定友:《图书选择》　第一页

书　店

略　说

　　书店为购求图书之所自,故购求图书之成功,一须善于选书,次须善选书店。否则购求之目的,如"求适用之图书,力求经济,增加效率,"无由讲也。诚以书店之于图书馆,俨如猎场之于猎人,金矿之于矿师,若不深明其情势者,将无所措手,遑云乎收获哉!

　　考吾国书店发端最早,于汉时已有书肆之称①。嗣后各代文字中亦多称引。然其组织若何,情形若何,其中心系在何处,与夫经营之范围,及书肆之名称,颇难考证。迨至赵宋,印刷术盛,而书林、书堂、书棚、书铺已遍设于通都大邑,如建阳、临安、蜀中书业皆渐兴起,匪特贩卖官刻私刻等书,并亦自行剞劂。盖趋于专门事业化也。现今印刷术益精,此业随之突飞猛进,中国仅出版家,据中国图书大辞典编纂处之调查,计有二千余处。凡经营书业者,若兼收并计,其数当不止此,噫!亦足观矣。

　　书业既如是之盛,其情势当甚复杂,为求明了计,兹分述梗概于下,庶乎选择书店时有所取资焉。

　　(一)骨董式之旧书店　此类书店,专门买卖旧书字画,因常奔走于名流之间,耳闻高论,目见珍品,心领神会,故鉴赏技能,恒出人头地。眼别真赝,心知古今,闽本蜀本一不得欺,宋椠元椠见而即识,周长发谓此辈为横通②,洪亮吉则讥为掠贩家③,盖久邀儒林之注意也。此辈经营书业,一似古玩商人,于旧家中落者,贱估其所藏,富室嗜书者,要求高价,每于转手间而获重利。但彼等常因谋利心切,往往作伪欺人,虽不出明版翻宋版,或剜补改换,或抽去重刊书序,或改补改校刊姓名,或伪造藏书图记,钤满卷中,或移缀真本跋尾题签,掩其赝迹,然鉴赏者偶一失慎,即坠术中。近年外人醉心中国古书,不惜巨资,尽力搜求,据《海关中外贸易统计年刊》所载,民国二十一年出口书籍价值一百八十五万五千五百四十九圆,民国二十二年出口书籍价值二百九十五万三千二百三十五圆,此类书店利市不知凡几,孤本秘笈,流于异域者,亦不知凡几。

(二)旧书出版家 旧书云者,非谓书之新旧,乃指用旧法所印之书,即木版书而言也。旧法印书,需资甚多,书店之能自镌版印行者,不若官刻与私刻之著称,昔者上有殿版监版,下至府厅州县以及学院会社莫不以刻书相尚,而私家勇于好事之雅士,所刊之书尤多精本。是以旧书出版家,当推官私两派,而专以此营业者,反较逊色。职是之故,旧书之校勘,多优于新书,此点新书出版家应效法者也。

(三)旧书经售家 此种书店专代理推销,或批贩零卖。而搜求力甚强且锐,书业之消息,亦甚灵通,凡绝版书或难得者,托其搜求,往往可以获得。惟价目每以行市而定,又有对人要价之习气,虽有印本目录,标明价值,然折扣之大小,则随意定规,是标价亦不可靠矣。此类书店以北平、上海、南京、杭州、武昌、苏州为多。

(四)新书出版家 自唱维新以来,国中文风转变,著述界亦为之一新。新出版家亦随之兴起。有时翻印古书,广其流传,有时刊印西文图书,沟通文化,其印刷之速,范围之广,皆超越往昔。且印刷法尤为进步,各种字体,各种色版,关于美术之努力,至可钦佩,惟原料每仰仗于海外,尚为憾事。近年翻印之风,亦甚通行,凡重价图书,一经翻版,则减低购者若干之担负,此点于文化之推广,其功不可泯。又新书出版家,印刷之外,兼带销售,常于各大商埠设立支店,或代售处,不似旧者之专赖经售,盖亦为经营上之进步。他如广告之公布,目录之赠送,消息灵通,与购求者无穷之便利。中国事事退化,惟图书之经营,能蒸蒸日上,可引为幸事。

(五)杂志新闻纸出版家　杂志与新闻纸为近代之新产物,进步之速,大有一日千里之势,现今专以经营杂志或新闻纸者,已达一千四百零三家④。有新书出版家以此为副业者,有以出版杂志或报纸为主而以售书为副业者,其中有资本与计划专以营业为目的者,有投机射利者,亦有藉以宣传主义或某种运动者,是以订阅者须加审慎也。

(六)新书经售书店　此种书店并不印书,专代他家推销,但价值并不高于出版处,凡买书种数多,部数少者,于此一家即可配齐,非但于购买上诸多便利,于费用上亦可省若干。然翻印书籍之风甚炽,往往有替补之弊,不可不防。又有经售书店,不作门市生意,专事邮售,新旧书籍,中西杂志,凡能告清其书目项目,即可代办。业此者率多注意大宗生意,尤愿为图书馆服务,如北平大同书店为此中之佼佼者,因其开支小,而与顾主之利益大,大书店弗能及也。

(七)杂志代订所　图书馆订阅杂志,动辄数十百种,若皆直接订阅,实不胜其繁琐,不若托杂志代订所办理之。此类书店对于国内外之杂志报纸,极为熟悉,办理手续,亦有独到之处,能代订或汇齐代寄,价格并不高于直接订阅,是以此种经营业予图书馆以无上之便利。

(八)外国图书书店　每年外国图书进口,为数至大,据《海关中外贸易统计年刊》所载,民国二十一年入口图书价值八百零九万零三百八十七圆,民国二十二年价值五百六十四万一千六百七十六圆。国内各大商埠均有外国图书书店,经营此种事业。有为外国出版家之代售者,有自行刊印者,有专售某一种文字者。由此种书店购书,折扣虽小,而邮费轻,且能应急,故多乐购。但所患者均规模太小,存货不全,有时向彼等定购,彼等转向外国定购,反不如直接向外国订购为愈也。

中国书店情形之大概,既如上述,而外国之书业,与中国亦大同小异,惟资本之雄厚,与搜集之精良,则高出一筹。且印书皆趋于专门化,各店皆具有特长,对于目录编印之讲究,尤非中国所能及,斯亦应效法者也。

选择书店

一 标准

选择书店,宜从两方面确定标准,曰属于人事者,曰属于货物者。固然购求则专为货物,但货物之成交,恒赖人事维护之,故应从双方着想。

（一）属于人事者:

（1）办事敏捷;

（2）手续简便;

（3）信用卓著;

（4）配书准确;

（5）账目清楚;

（6）通融优待;

（二）属于货物者:

（1）货物齐备;

（2）品质精良;

（3）价格公道。

二 方法

书店能否符合吾人理想之标准,可试买、访问或征求其他图书馆之意见,而后决定。贵重之书,可以列单分发各书店,令其批价,然后比较之,此法手续比较繁杂,又须相当时间,故选择时,宜审情度势,然后施用。而于书店之消息,尤须切实注意,随时记入书店序列中。本地图书馆宜有联络,互相讨论体验,或可得合意之书店也。

三　须知

(1)新书　图书馆购求新书,可以从以下三种书店买得:(1)出版家,(2)经售处,(3)本地经售处。直接向出版家购买,则视情形而定,有时出版家并不零售,则应托经售处。凡预计直接买,来件能快,价值便宜,还账省手续,则直接购买。又凡学社或私人之出版物不托人代卖者,亦须直接购买。总而言之,直接购买有两大目的,曰省钱,曰省时间。若所拟买之书,出版者皆不同,直接购买则不相宜,因分寄书单,分还账目,总计之不合乎经济之道。若于本地新书经售处购买,其利有三:(1)可以送来审察,(2)可以亲身去店中购买,(3)还账方便。若本地无经售处,则不能不谋诸外埠。所以欲托经售处者,盖集中购买于少数书店,统驭较易,一切手续可以减省,如寄发、收书与清账,皆不致涣散紊乱。

(二)外国书　外国图书可托本国外国图书经售家,或直接购买。凡在本国可以买到者,则在本国买,遇有大批书籍,则向外国购买为宜,因中国不征进口税,亦于购买上便利多矣。

(三)旧书或绝版书　图书馆之需要,匪特新书,如绝版书、古书、罕见书,亦在搜求之列,故不能不托旧书店代为配求。选旧书店,较选新书店为难。倘知所拟购者,系绝版一类,其搜求之法有三:(1)登报征求;(2)托旧书经售处代为搜集,但只可托一家,多托则征求者多,求过于供,则必抬高价值;(3)细阅各旧书店所发行之目录,偶尔发现所需,则用迅速手续取得之。

(四)连续出版品　无论本国或外国所出之期刊等物,统宜托可靠之代订所办理。直接订阅,函件、账单、付款,必然繁杂,且未必能得大折扣,若托代订所,每年续定一次,则省事多矣。倘不嫌来件过慢,可令其代订代寄,每月一次,绝无遗失之弊。

(五)通告　与书店往来,双方须有相当规定,始能顺利,图书馆为简便计,可将通知要点印成专单,或印于定单上,令书店遵照办理,其应通告各点:

书店注意——寄上之订单,除另有通知外,宜遵照下列条款办理。

(1)凡本馆订单例须主任签字,否则无效。

(2)如所拟购者不能照配时,务请即刻通知。

(3)如书已绝版,本馆亦无特别声明时,即作无效。

(4)所购者,于订单到时,书已售罄,订单即作无效;但若能于接到订单,一月内可以照配,而价值相同时,则可寄下。

(5)倘有折扣,务请注明原价。

(6)请备正副两张发单。

(7)请将本馆订单号码注明发单中。

(8)所有函件、清单、邮包等请书明寄交"………………………"(图书馆详细地址)。

(9)若无本馆同意,请勿用邮局代收货办法(C·O·D·)。

(10)大批书籍,请用最省钱最平安之法寄下,运费若干列入发单中。

(11)如遇店中无有存本,请通知出版处直接寄交本馆,无须转寄。

(12)订单中如有急需字样,务请即刻办理,用最快方法寄下。

(13)对于所订之书有疑虑时,请先问清,然后寄书。

(六)折扣　书店减低价钱,以示优待图书馆,已成书业中之风气,折扣大小,则以下列情形而定。

(1)部数多少。

（2）书之性质若何——外国课本几乎无折扣，中国则否，专门图书折扣小，普通图书折扣大，小说折扣尤大。

（七）发单　书店之发单，必须请其写清，如部数、著者、书名、原价、折扣、实价，逐一列出，单中所列之书名宜有次序，以便检收。

（八）运送　运送关于书来之快慢，与运费之多寡，宜斟酌情形，令书店照指定方法办理。普通运送之法，有邮包、快递、航空、转运等。

（九）应急　遇有急需等情，应查本地图书馆有无此书可以转借，外埠出版书则用电报购买，本地出版书自可用电话通知，或派专人往取，最要者则为留心书业消息，熟悉各店目录，或可应付裕如也。

（一〇）货币　购买外国图书，国内各经售处，可按书之原价货币开账，或本国国币开账，须酌量情形，选其适宜者令书店照开，此法两家均便，宜事前商酌规定。

四　准备

（一）书店序列　为选择便利计，素日对于书店之消息应特别注意，作为序列，以便参考。序列中应载下列各项：

（1）书店名称（如有西文名，应中西文名并举）。

（2）通信处。

（3）电报码。

（4）本地或在中国之经售处。

（5）经售处之通信处。

（6）营业之特长。

（7）本馆有无该店目录。

（8）普通零售折扣之大小。

（二）书店目录　书店目录于本部为用最大，不可不尽力搜集，最新书籍消息，或绝版之注明，此种目录最为可靠。匪特便于选择书店，亦为选书之绝妙工具也。

（三）书店目录整理法　　书店目录刊期无定，体积参差，种类繁杂，于整理上最为困难，然不整理，则不能应用。尝闻整理之法，有以颜色带代替分类者，有以书盒贮藏者。此二法均经试用，觉其缺点颇多。颜色代替分类法，根本乃系间接方法，有目录恒括数类者，苟逐类贴之，色带纷纭，目为之眩，将不能辨其究为何类。且颜色经久易变，黏贴费手续，如此整理，可谓小题大做，得不偿失。第二种方法，最大之缺点，首为尺寸大小不易规定，太大则余空太多，甚不经济，太小则不能包容一切，且此法过于费钱，排、用皆不便利。故予以书店目录，先以国别分开，然后用书店名为次序列，每一家之目录，用绳捆在一起，新者置前，旧者置后，然后悬以标笺，笺上注明店名、地址，及此捆中皆系何类，用者可以按国找店，由店求类，由类寻书，甚为便利。凡零篇启事，及书之样本，亦皆附于各该书店捆中，一俟目录中有此书名，即可弃去。

①《扬子法言》："吾子二，好书而不要诸仲尼书肆也。"
②章学诚：《文史通义》　卷四《横通篇》曾引周语。
③洪亮吉：《北江文集》。
④《申报年鉴》　廿三年。

订　　购

凡书籍杂志新闻纸以及小册等,经图书馆认定可以增添者,则订购组须设法有以罗致之。同时尤宜注意经济之节用,时间之迅速,办理之省事,与来件之准确。本组职责既如此重要,故不能不采一种方法,以利进行,而杜弊乱。然而方法者乃为应用而设,随时可以变通,尚不十分重要,吾以为下列数端须切实注意,于管理订购上为用莫大焉。

(一)简单化　于可能范围内,各事必须力求简单。从使用器具以至各种手续,愈单纯愈清楚则愈方便,必使各事易懂易办易记。凡现代科学化之器具应尽力采用,如复写纸、打字机,均能增加办事之效率。室中之布置必须有条不紊,物有定位,事有定章,切勿庞杂纷乱。

(二)谨慎　为防患于未然,故在订购之先,须件件想到,处处作妥,然后方可发单订购。先求诸近,后求诸远,凡订购信件之发出,须有十分把握,确定书店若无特殊情形,准能配到所需之书。订购单中各项足使书店明了所需之书,不至配错。应预先声明者,必须声明清楚,免生纠葛。

(三)分别处理　决定增添之图书,情形不同。有预约者,有须先问价者,有急需者,有缓求者,必各以其不同之情形而分别处理之。各种情形,有各种之方法,不得混乱。

(四)集中订购　零星订购,最易减低书店之注意力,而失去较大之折扣。与多数书店往来,信件账单势必增加,一切手续难免烦杂。不若集中于大书店,无形中可省若干精力。

（五）速清　与书店往来,最重信义、清晰,凡事勿堆积,可早清者,应极速办清,拖泥带水,不但事实上缺少效率,图书馆名誉与信用亦必受损失。故事项必宜速清。

以上五条为编者年来管理此事之经历,其重要性有过于定性之方法,故乐道之。

订购书籍手续

（一）核对介绍单　介绍单由选书组或主任室交来进行购买者,为慎重计,应行核对。书之能否买到,与买到者是否所需之书,皆在所填之介绍单项目正确与否,故不能不确对之。且本部尚须照单留底,排入序列,以备将来参考,尤不能不细心审察,以观其是否合用。核对时不但书目项目如著者、书名、卷数、版次等必须注意,其他如价值及用款亦须注意核对。关于书之一切,愈详尽愈妙。核对毕则盖以收到日期。书目项目之填写,必须合于编目规则,不能随意乱填,特别合著或翻译或团体出版物之条目尤须注意。倘一书二名,或一书有数国文字版本时,应注明白,以免所买非所用之弊。此种手续为订购之第一步,亦为最重要之一步。凡遇问题必须用各种工具书参考之。如仍不清楚,则寻问该书之介绍人,以求究竟。

（二）检查有无　已经核对完毕之介绍单,扫数按书名或著者顺序排列,排妥后,即按次检查订购序列目录、收到序列、及其他之记载。于一批未检查完以前,其第二批不宜入手检查,因同时有两批单子,彼此难免重复,此点极为重要,宜牢记之。如在各序列及目录中检查毕,确知此书无有时,则批"尚未买"或"尚未有"或用

（√）号于单上，查者签名并注检查日期于单上。如查知已有或已买时，则注明架号，或订购号、订购日及订购处，于单之背面左上角，或附笺于介绍单上，退还原介绍人。然通知手续，亦须因势而施，学校图书馆对于各学系之介绍单必须通知，公立图书馆或者可以免此手续。

（三）计算用款　介绍单中各项确定后，即按用款分开，或按学系分开，每种用款共需若干，结一总数，然后再查此种经费分配下仍否足用。算时应看实支若干，书已订购，而款未付者需若干，总余多少，以观经费足用否。若预计经费足用，则可购买，否则请示主任，或介绍该书之当权者，如学系主任，或学院院长。然估计书价，困难颇多，估价太低，则易超过预算，估价太高，势必少买，而不能用尽其财。况外国钱币之折换，随时涨落，使估计时尤为困难也。估价毕，即可入账，然后订购。

（四）选择书店　向谁家订购？出版处欤？经售处欤？旧书店欤？抑新书店欤？本埠欤？抑外埠欤？此等问题须依书之性质、出版地方及年代决定之。决定后，则将订购处写入底卡。平常与谁家同事最多，则备一图章，用此填卡极为方便。

（五）备底片　订购底卡除书目项目外，凡订购之经过，皆有专栏，以备记载，故一书入馆之历史，一瞥此卡，即可了然。卡之样式因馆而异，但原则上无有悬殊。一书一卡，作一步填一栏。卡中各项无妨多备，每项必须填写清楚，如有疑义，宁缺勿滥。附录（一）中所举之介绍单，皆可用作底卡。然图书馆有不永久保存收到序列与永久保存收到序列之分别，保存者尤须重视填写之清楚与写法之划一。不保存者则应将各项详录于登录簿中。

（六）写订单　未写订单之前，将底片排好，然后逐次钞录。排法按用款，或按书名，或按书店，视其所宜而定。订单亦无一定格式，有用单式者，有用片式者。用单式者，其格式有分五格者，曰部数，曰著者，曰书名，曰出版者，曰价目，如版次、丛书注、每部卷

50

数或册数等,均填入书名格,无著者时则由著者格写起。有分三格者,曰部数,曰摘要,曰价钱,凡关于书之注释等均列于摘要格内。如买旧书,系选自某期目录中者,亦注明于此格内。如买绝版书应将期限告明,逾期则以取销论。倘有声明,宜列于前,免得忽略。平时大约有两大点:(1)关于账单,(2)寄法,其他亦可印于背面,而订单号码则应列于显明地位。又有问价征求及通知送来审阅之情形,亦应有印妥之格式,以备应用。片式订单,其利益则在能多备复张,复张之用途为:(1)作订购序列或排入目录柜中,使大众知悉某书已在订购;(2)作书籍到馆与编妥之通知;(3)如正式底片作书架卡时,则复张可作临时书架片;(4)如订单发出,久无音信,可用复张催询之。各种格式可参阅附录一。

此种卡片式之订单,各张有各张之用项,可用颜色不同之纸而区别之。集各张汇成一组,合若干组而订成册,写时用复写纸,一次数张即能填就,除留一张,自成一种序列外,其余撕下,按其功用排列,或分寄可也。

(七)入序列 书已订购,底片则排在一起,专候接收来件,名为订购序列。此种序列之排法,大概依书名或著者为多,亦有先分大类,分法有按用款者,有按新书旧书或急用者,各种分法有各种之方便与弊病,是在用者临时制宜而已。

(八)寄发 订购单之寄发,则宜审其情形是否急用,如急用则传递之法,必须注意,航空、快信或专送各法中采其最相宜者。寄发时应填发文簿,寄发日期、事件摘要、邮费多少,均须记入。

接收书籍手续

(一)收发票 书之发票,平常皆为另寄,每较书籍到馆为早。图书馆有专备账簿随时登入,以免遗漏而作参考者。簿中分为来件处、收到日、发票号、发票日期及钱数诸栏。收到发票时，须注意其中有无附带声明，如绝版售缺等通知以及其他情形。如有，即应提出底片，批注一切，并撤销一切序列，或通知有关系之各方面。若无有特别情形，可将发票排入候书序列中，前后按日期或书店名称均可。

（二）拆包对书　图书寄到后，应登入收件簿中，书店名称、挂号号数、包数等，统记清楚。然后拆开，将书顺序排好，再找出该店寄来之发票，按数对照。每对一种，则在每种之前作一记号。如一种有数册或买数部时，总须一一点查，点查毕，然后抽出底片，与书及发票对证之。

（三）转注　发票上各要点，应按实转注于底片中，如发票号数、日期、实价、折扣及收到日期等。有时发票只有总折扣与邮费，如此则按实数分开，算清每本实价若干，记入片中。如发票中价目不对，或定价与底片不符，应立即询问究竟。发票则排于待正序列中，或连信排于书店文件序列中均可。

（四）销预估书价账　书籍收妥后，按用款排好，各依该书之预估价钱计一总数，然后从该账减下，所余者则纯为估价之数矣。

（五）书上标记　为将来参考计，可将来源题识明白，如经费、发票号数、日期、书店、价目等。记法有明码暗码，明码能使人一目了然，其弊则在使人知某书价值若干，于无法购求时，以遗失赔偿之法，而归为私有，暗码则无此弊。有时图书馆专备一签者，有备一印者，用以填注，以期划一格式。如系连续出版品，是否仍继续购买，或只买一两本，亦须注明。

（六）夹通告编目条　通告编目条，告明某书编入某支馆，或急用，或复本，或多备一套卡片等情，以省编目人之手续。

（七）通知　通知书籍到馆或编妥出借之手续，需要与否视图书馆之情形而定。如学校图书馆，似须有此手续，订购事务方为圆满。通知单利用复张，或另作均可。

（八）登录　登录方法详登录篇。

（九）盖章　用印必须察看印章清洁否，如过于模糊，则用水冲洗之，印色必须调匀，印文万勿颠倒或偏斜，盖毕垫以软纸，或用吸墨揸干，免污他处，盖章之地位，可酌量规定之。

（一〇）付款　书籍妥收后，发票已经核对无误时，即可预备付款。凡一书店之发票皆聚在一起，计一总数，然后开通知单请会计付款。最好请书店备两张发票，一正一副，以备一与会计处，一存本部。存本部者须批明通知单号码与日期，然后入账，账有三种即可，一总账，二流水，三书店来往是也。

（一一）送编目部　本部各种手续完毕后，即送交编目部，送达手续，可专备一簿，内分日期、登录号、册数、种数及收书人等栏，送时以簿作凭。然亦有将定购底片夹入书内，由编目部负责人签名送回者，二法无甚悬殊，皆可采用。

（一二）送书库　书籍编目后，有由编目部直接送入书库者，有仍退回购求部由此部送入书库者。倘书籍仍退回本部，应将架号填入底片中，再将订单副张抽出，通告介绍人书已编妥。送书库手续与送编目部手续同。

订购意外

（一）误寄　订购书籍，难免发生意外之错误，错误有自己作错者，有书店作错者。误寄一事，即由书店粗心铸成。此事并不常有，但偶尔亦易发生。非将书籍寄错，即本数不符，或应寄他处者反寄来本部。凡遇此种情形，必须确定其错误之所在，再用迅速方法通知书店。迟延愈久，则更正愈难，宜切记之。

（二）催询　发出定单，预计应于某时可以收到图书，届时而不果来，即宜去信催询，催询用专信或利用副张，则视本部所采用之方法而定。

（三）撤销　发出订单，日久不见来件，或催询亦无音信者，则应撤销订单。或订单发出后，而发现此单有错者，亦可去信撤销。凡撤销订单之书，是否仍须购买，则请示介绍此书之当权者，如必购得而后止，即想他法购求，如不必再买，则批明不能买到之原因，然后撤销各种序列，底片或另行排列或排入收到序列中均可。

（四）退换　寄来之书，途中损坏，或印刷错误，如篇页颠倒、缺少等情，或所寄非所需，应即退换，书籍应另包寄回，外备函件述清原因。函中词藻，宜简净为要。

（五）应急　倘遇急需，先查本地图书馆有无此书，如有则设法通融借阅。再查本地本国左近国家各书店中有无此书，如有则向最近处购买，价钱稍贵，亦不必计较。如各处均无有，则用电购，可省若干时间也。

订购连续出版品手续

（一）连续出版品定义　连续出版品者，乃于一定期间，或不定期间，连绵出版，各期当中用法连贯，而永久不完之出版品也。大部包括杂志、新闻纸、年鉴、报告丛书等。此类出品，可再细分为两种：（1）杂志（亦称为期刊），（2）长期出版品。

杂志者乃定期或不定期之出版品，其期间恒在一年以内。从周刊、月刊以至半年刊。此种虽分期出版，至一定之期数，可以合订，自成一书。长期出版品，每年一本，或数年一本，其异于杂志处，则在每次出版，可以自成一书，各期连贯自成一套。

此类出版品，既与书籍出版不同，其订购手续自然亦异，盖此类出版品，一经订阅，即为永久不完之事，其费精神处，则远甚于书籍也。

（二）订购杂志手续　杂志不但出版与书籍不同,而订阅则须先付款,后收杂志,亦为不同处。故订购杂志手续须特述之。

（1）备底片　凡经图书馆决定订阅之杂志,应先作底片,底片之格式有二:一为订阅存根式,二为订阅存根与划到片合组者,两种皆有佳点,其格式可参阅附录一所举者。

底片作妥,则选择订阅处,直接订阅,抑托代办所订阅,更须斟酌。平常杂志可托代办所,专门杂志似宜直接订阅为是。其次则须注意满期日期,于可能范围内,宜将满期日期划定一时。然在何时最为相宜,则视馆中情形而定。亦有杂志出版家自行规定者,逾其规定,则不允订阅。作底片时,杂志名称须依编目条规为准,凡关于此志之一切,愈详愈妙。作妥之片,则排入订阅杂志序列中。

（2）写订单　杂志订单有用专函者,有预先印妥格式,用时填写者,此种订单盖有两种不同之性质,一为空信订阅,一俟接到账单再为付款,一为连同汇票同时寄去。如能空信订阅,然后付款,最为妥当,因无多付少付之弊。

（3）付款　付款之手续与前同,然必将支银单之号码与日期记于底片中,以备参考。如有多付或少付等情,亦宜记于底片中,以待将来解决。

（4）续订　订阅杂志,普通均以一年为一段落,如与出版处或代办所无长期订阅之约者,于续订时斟酌增加或减少之际,亦为试验代订所之价值高低之机会。在未续定之先,可开单多给数家,令其示知价目,如价目高低相差过多,则应托最贱之一家代办。

（5）长期订阅　凡杂志有最高价值者,则可长期订阅,订费一年一付,或一卷一付。此种订阅双方皆省手续,且有时可享特别优待权利,无形中免去若干麻烦。

（6）满期序列　为事实所迫,杂志满期必不能完全划一。购求部为免遗漏或订晚起见,则将底片,按满期时日排列。随时可以见出何者应行续订,或何者至何时方为满期。于司订阅者极为方便,乃不可缺少之序列也。

(7)各种杂志单　订阅之杂志,须作各种杂志单,管理方能便利。第一须作全馆杂志名单一览;第二须作各学系或各经费之杂志单,每种杂志后,附以价目,以备作预算之参考;第三须作分类杂志单,以观馆中所藏,何者强,何者弱,设法补充之。其余按出版处或国别排列作单,亦有用处,可以预备。

(三)收杂志手续

(1)接收　凡杂志寄到,则先视来件封面所写之通信地址,是否正确,再者在订阅时应通知出版处,寄件之写法,使管理人一见封面,即知系订阅杂志。如遇有错误,则应通知来件处更正,通知手续由杂志组或由订购组办理均可。

(2)审查　凡杂志一经拆开,当即检查内中有无破坏、缺页或其他之情形,然后再看杂志中有无特别启事,或满期通知,或优待办法,一经发现,得斟酌情形轻重,而施以相当处理。凡重要事项,须摘记于杂志片中,并应报告本部主任,以便交涉。

(3)登记　凡订阅之杂志,于订阅时即备妥此志之画到片,按杂志名称排于杂志序列中。此种卡片,可以另用一种颜色,以示与赠送者之不同。惟陈列处与陈列号,须临时记好,杂志来后登录毕,须将此号标于杂志上面,以备陈列。登记时必须清楚,项目必须完全,不能遗漏。如无卷期者,则以出版日替代。倘有未收到等情,立即发信追索,迟延过久,恐不易补。何日发信追索,即记于画到片上,一俟补到,则将日期擦去,即于此处登记。倘无故收到复本,则另外登记,于每年年终,转交交换组保管之。

(4)备用　杂志登记毕,即行盖印,印上附有日期者为最相宜。否则仍于盖完馆印后,再盖收到日期印。杂志中如须贴补,亦须作妥,然后上夹。夹之制法极多,普通者为打眼穿绳之夹子。

(5)追索　凡接到最近期,而上期尚未到馆时,则应去信追索,少则用印妥之信片,多则用专函。

（6）装订　杂志全卷已终,篇名页与引得均已收到,即可检出,捆妥以备装订。

（四）长期出版品之订购与接收手续

（1）长期出版品订购序列　馆中共总订购若干长期出版品,宜备一总序列,片之作法与编目同,凡一切商务之注释则悉载于片之背面,外作一总单,名后附以价值,以作预算之准备。此单每季审查一次,凡有增加或撤销等情则随手注明。序列中之底片,亦即撤出,排于收到序列中。

（2）订购　订购与书籍同。

（3）收书　长期出版品一经订购,除作底片外,订购序列中亦须作参照片。书来之后,与收普通书籍同,惟标记须注明系长期出版品,底片中须注明价值与收到日期。

赠送与交换

赠送与交换皆足以补购书之穷困，为求书之另一门径。苟求书只恃购买，非徒靡费资财，而或有财力所不能致者。夫图书中有卖品与非卖品之分，而情形有须购买与勿庸购买之别。勿庸购者而购之，妄购也；非卖品而买之，亦妄买也。二者皆不合于求书之道。且图书馆性质不同，而需求亦自各异。同一书也，此视之重，彼视之轻；此藏数本不以为多，彼藏二本辄病繁复。再者此有彼无，或此无彼有，亦为图书馆之常事。听之则俱废，易之则并利，仅互一转换，而双方蒙益靡穷。是以采访图书于购买之外，贵乎赠送与交换。非但节约购书之费，而于书尽其用，亦有功焉。

赠送

图书赠送可分为自动赠送与被动赠送，前者收纳之权在图书馆，后者赠送之权在于赠者。而图书馆得设法，如何使赠者乐予，又如何使其来源络绎不绝。一则先征求，后赠送；一则先赠送，后致答。此乃开源与善后之务，不可不倍加注意。此外又可分为普通赠送与特别赠送。普通云者，任何图书馆皆可享受此类赠送；特别云者，乃以特殊情形而专赠某一图书馆。对于此种情势，图书馆亦必须擘划精密，善为经管，川流始于涓滴，集腋可以成裘，缥缃盈橱,琳琅满目,要在人为而已。

(一)征求 图书赠送,大批多至个人所藏,零送少至一卷一篇。无论多少,必皆视为图书来源之一。苟能维持得力,各方源源惠赠,既不用资财,又省订购手续,利莫大焉。然而世上之赠图书者,绝不似街头之散传单,随便乱给。最低之限度,与受赠者,非有直接关系,便有相当认识,然后始能赠送。故图书馆有许多可以征求之图书,竟未征求,似乎放弃权利,而赠者亦恒苦不知物将谁与。此种隔阂,实为双方阻碍。图书馆倘欲享赠送利益,不可不有一种普遍之征求,以开接收之门。然于征求之先,须注意下列各点:

(1)准备 图书馆之规模、组织、人员、财力等,均为准备时所应注意之点。规模小者,当然受种种限制,不能畅所欲收,而赠者亦不能尽量赠予。即使赠予,而图书馆有无力量整理亦为问题。组织中缺乏此部,职责不专,搜集难周,失机会,生错误,更不能免。图书赠送,大半多赖情感维护,特别赠送尤系情感之硕果。任期长久与交际广阔之馆长,对于此事,最为得力。故在未征求之先,宜注意本馆之建筑及经常费用,是否能容大批之捐助,可否应付无量数之赠予。如何组织此部,使办事简便而周到。人员多少与工作之分配等等,皆须预为计划,免得临时多费周章。度德量力,作征求时应三复斯言。

(2)慎行 征求非化缘式或乞讨式之请人垂怜。知可求,然后求之,求之始可得。知求之有用,然后求之,求之始有益。倘不当求者而反求之,如此于图书馆不但无补,反为有损。为慎始要终计,征求固宜举办,顾不可失于滥也。

(3)知人 欲行征求,须先知所求之人或机关,有允许请求之可能与否以为断。求人之事最忌盲人瞎马,非知己知彼,则无进行之必要。盖吾人征求时,自己度之须有几分把握。最低限度使人不至怪为突乎其来,认为无理取闹。须知所求者是个人抑系机关,机关属于公抑属于私。又属于私者系营业抑系非营业。本馆与对方有无关系,当中有无介绍人,征求直接进行或转托代办,何者希望较大,凡此种种,非知人莫能决定。大概合于下列情形之一者,即可征求:

(甲)与木馆有相当关系或深交者。

(乙)经人正式介绍并知其乐于赠予者。

(丙)热心图书馆事业,而施赠素著者。

(丁)各行政机关,按章可以备函请求者。

(戊)各学术机关、公益团体,而非以营业为目标者。

(己)凡有例可援者。

凡知之不确者,必须声明:"如不能赠送,请先告知价目。"此点最为紧要。

(4)识物 此事为根本问题,以前三点悉为此项而准备。物有征求之必要者,方有以前各点之顾虑。物有无征求之必要,非识其物无以解决。征求之物系卖品欤?抑非卖品欤?其功用若何?其价值若干? 有一望便能判定者,有须参考他书方能知其底蕴者。大概下列之品,属于寄赠者居多。

(甲)荣哀录,(乙)寿序寿诗,(丙)开会记录,(丁)各种报告,(戊)机关概况,(己)纪念刊物,(庚)各种章程,(辛)行政公报,(壬)书店图书目录,(癸)计划书等等。

平时最宜留心各种启事、通告、目录、广告等,如有可靠人之介绍,亦甚妥适,总之,对于所求之物尽力认清乃其重要点也。

(二)征求方法 征求图书方法因事而异,有普通征求,有特指征求。普通者可以登启事,送捐册,特指者可以备专函,填征启。平时图书馆每自制妥各种格式,用时填寄,藉省工力。

捐册征启并不常用,如有捐书运动时,可依当时情形公布启事,分发捐册,广事搜罗。如遇特殊情形,得斟酌另备专函,或派专员亲往接洽,方为允当。各接近机关,当面恳托,最是简便,易生效果。总之,方法随时而变,随事而异,必须变通而活用之。

（三）寄发 征求启事等件寄发之先，须留存根，以备异日参考。但未可一概而论，宜分别轻重而各自处理之。征求书目章程等件，毋庸多费此种手续。特殊函件与征求图书则应备底稿，制书片，而保存之。函件底稿可存入序列中，而征求图书片，则载明一切项目，如著者、书名、版次、出版者、出版年、征求日及征求信之号码，逐一填好，然后序列之。序列方法，或独自排起作为征书序列，或参排于订购序列内。定期刊物则另排之，待收到后，再转于期刊组。此种卡片宜用特别颜色标出，而示区别。倘征启为普通印就者，填时按号顺下，即有次序，无须再排。凡征启备妥，征求图书亦留存根后，即可发出。发出时照例填注发信簿。

（四）接收 凡寄来之书，无论其为订购、交换或赠送者，统宜由购求部接收。凡无定单或另函通知系因何寄来者，概属赠品。然与本地书店送来审察备留者，不得相混。如证实其为赠品，即行检查征书记载中有无此书之片。应征寄来图书，可将征求存根提出。逐项对正，倘有错误，即行更改，对者作记，以外记上收到日期，此片即为赠书片矣。苟为自动赠送之图书，则当登记赠送总片，按项填注，备作统计报告。无论图书馆入藏与否，此项手续必须做到。

（五）致谢 凡赠送图书者，无论其赠品入藏与否，必须致谢，藉答惠赠之雅意。致谢方法，应依赠品轻重厚薄而分别处理之，书店目录，宣传物品，谢不胜谢，则可从简不谢。定期刊物与长期出版物，可以分期致谢，以尽声应之谊。至于致谢详细办法，各馆宜规定章程，行时方有标准。考诸各图书馆关于此项规定，大致均按赠送之多少而定致谢之轻重。兹分述于后：

（1）最多者以图书馆名之，藉资纪念，如孟芳图书馆，木斋图书馆。

（2）其次独辟一室，作为特藏，如国立北平图书馆之梁任公纪念室。

（3）再次馆中悬挂肖像，或刻铜牌。

（4）普通者刊登馆报表彰高谊，再另函致谢。

致谢乃为交往联络之事，勿遗漏，勿过分。酌情度理，守之以常，总以勿失赠送者之同情心，则善矣。图书馆每为办事敏捷计，常备有印妥谢函，以待不时之需。

（六）审定　图书馆非为图书之埃积堆，不分轻重，兼收并藏，徒供插架填箱也。所有图书必须经过审定，方能入藏。赠送图书尤须审定，因此项物品，极为驳杂，倘不慎重，一则徒费各种手续，二则混乱庋藏，此与购书必须选择同一理也。审定责任由馆长、副馆长、购求部主任等负之。如遇大批赠品，尤不可因其多，而忽略下列几点：

（1）先决图书馆有无接收之必要与可能。

（2）赠品中有无佳本，或已无用之书。

（3）图书馆能否担任为此赠品一切之费用，如运费、整理及编目等费。

（4）如附有特殊条件，图书馆可否允诺照办。

普通赠品则按选书目标，以定其入藏与否。既定为入藏，更视订购序列与本馆目录，是否重复。名同者视其版本，版本同者，再视其书之完整，决定替换。定期刊物倘决定入藏，即批条交期刊组管理之。

（七）填片　各种图书一经审定，可以入藏，当即填片。书籍、长期出版物及定期刊物，应填项目不同，其格式亦异，仅于附录中列举数种，用时按类分别填写可也。

赠送定期刊物片与期刊组平时用者同，惟颜色可以另选，表出其来源不同，以外多添赠者一栏，藉备索要缺期可也。

（八）题识　片中各项填毕后，再于书上题识，将收到日赠者等，分别记明。如为新版，或复本，或长期出版品，亦须记入，藉省编目人之手续。整套书籍，题识各项于第一册中，题识地位与题识购买者同。定期刊物,暂勿题识,一俟装毕,则贴一赠送书签即可,如需装订之书片,则排于应行登录序列中,用铅笔于书片上注明在装订中。不用装订者,题毕即行登录。卡片则入于收到序列内,倘编目部用此片作书架片时,即连卡片交登录者转予编目部可也。长期出版物必须与其他各卷合订时,则与处理定期刊物手续同。

（九）利用　收到各方赠送图书,既经否定入藏,则按其材料新旧大小而利用之。利用之道为:（1）列入交换品中;（2）转赠其他机关;（3）变卖。

（一〇）寄存　赠送系永久性之寄存,寄存乃为有时间限制之赠送。此类寄存多为大批书籍,或特别典藏。寄存办法双方皆甚合适,图书馆在某一时期可以省若干购书费,书主可以省却管理之麻烦,同时亦可将书公之大众以尽其用。此种办法,西方各国已有行之者。然双方必须有适宜之规定,方无意外之纠纷。倘图书馆中有人欲行寄存,下列各点必须注意:

（1）寄存书籍与馆中书籍为两种不同性质之书籍,所以不能同等看待,应有别法处理。

（2）至少须存数年以上。

（3）图书馆对于所存之书,不能负完全保险之责,然必尽心管理,一如馆中其他书籍。此点须预先声明。

（4）寄存书籍人与普通用书人权利相等,并不能特予以优先等权。

（5）图书馆并非存货栈,书如有重本,可以退还原主。

（6）所存书籍亦用馆印,以免遗失,惟注明寄存人姓名,以示区别。

（7）应与寄存人订妥条约,经双方签字,各存一张。

（8）所存之书,另立详单或目录,退时可有凭据。

交换

　　图书交换,可分两大系统言之:(一)非本馆出版品或非本馆代理交换品之交换,即为商业性质之交换;(二)本馆出版品及本馆代理交换品之交换,或称为友谊性质之交换。商业性质之交换,虽为图书之转移,然偏重于价值之多少,纯以利为标准。友谊性质之交换,以通有无为前提,以情感相维系。价值固为交换之原则,然终不能斤斤较其得失或多少也。商业性质之交换,乃为偶然之事,当视其情形而规定其有无施行之必要。友谊交换,乃为长久之事,图书馆无此种之设施则已,如有此设施,必须守之以常,不能使其中断,一则均衡图书,一则推广图书,皆于图书使用上,负莫大之使命。其责任之重不逊于其余馆事,故管理此事者,非仅于图书馆本身自谋微利而已。

　　环视国内外各图书馆,于交换之事,并未十分注意。以至管理方法、行政组织及一切设备,均未能与其余图书馆事并驾齐驱。盖皆视为可有可无,无足轻重。推原其故,下列三说足资释明:

　　(一)图书馆之天职为整理图书,以供众览。能有充分准备专为研究图书馆学者极少。故各图书馆出版物之产量,恒不能与其他学术机关相比拟。遂感无物与人交换之困难,此乃普遍之状况也。

　　(二)同一机关出版物之颁发,集中于图书馆者颇少。非由于图书馆力量有限弗能兼顾,即由于出版物之当事者不欲使图书馆越俎代庖,以分其权。

　　(三)图书馆虽有复本,每因馆务忙碌,而无暇作商业性质之交换。各图书馆亦不认图书馆为购求图书之场所。

　　图书馆虽然不十分注意交换,而交换之趋势,反宗汇于图书馆,一似凡图书事宜,应完全集中于图书馆而后可。倘图书馆无以应此潮流,势必迷乱。图书馆既负书尽其用之巨责,交换一事,亦不可漠视也。

(一)商业性质交换 此种交换物之来源,大半非本馆之复本经审定判为交换者,即为代理其他各部售卖者。本馆复本,依各图书之情形等差可别为三级,各级宜分别处理之。

(1)有价值者 凡新出版者,旧书尚未再版而功效且未失者,皆列入此类。处理此类复本,可用两法办理:(甲)出卖现款,(乙)用货换货,以价为准。当然得酌量减低或增加其原价,与各书店及其他图书馆接洽之。

(2)无价值者 凡书弃之可惜,卖之无主,存于馆中,既占地位,又失其用,即应按堆拍卖。

(3)废书 残破零散撤销之本,其中一无可取,此类即归废纸变卖。

其交换手续约为:

(1)保管 无论撤销旧书,或未编之新书,凡列为交换者,均可依等级分开,属于废书者,则堆积一处,待价而沽。属于有价值及无价值者,须有记载。撤销者,利用其废片,赠品利用其赠片,如为误购之复本,则利用其订购片。按书名,或著者,或按大类序列。所有备为交换之图书,亦如其他图书序列之。书上与片上均标明价值或折扣,以作交换之根据。如书已换出,则撤去卡片销毁之,或盖上交换日期及机关之名称,单独排之,标为已换出,用作日后参考。代售者当然与(一)类管理相同,无庸多赘。

(2)声明 复本多可按月,少可按年声明出让。声明之法,自印书单,寄发各处,或登广告,或刊于馆报,或随时与书店接洽,酌量情形办理之。

(3)账簿 商业交换,须有账簿,往来方有凭据,并可知每年交换之盈亏。交换固然有以货抵款,或专售现款等不同之情形,要皆以价值为交换之标准,故每次交换必须记入,一如商店发货者然。往来账户自立一笔,格式用卡片或活页均可,年终一结,核其盈亏。

(4)寄发 交换品之寄发,先备发单,如同书店之发货。手续先按交换者所来之单,查对序列,然后按片找书,找齐后,按书作单。单中列清本数、著者、书名、钱数等项。发单作妥,即行记账。已盖图书馆印之书,必须于书之显明地方标清此书于某时让出或交换。最好事先备妥此种印戳,不用手批,不但划一格式,并且可免他人盗出照样批明,以乱其真,此必须注意者也。

(5)分办 书籍与期刊,分别办理,较为合适。书籍之复本不若期刊之易聚。苟不设法为此物谋一销路,其存放处所,即为问题。是以此项之复本,应随时审定,批作应存应弃二类,存者即归交换,弃者则归废书一同售出可也。其交换等手续,大致与处理书籍相同,惟声明似宜较书籍愈多愈好。然有一事必须注意,书籍过时者,价值减低,期刊愈旧者则价钱愈高,往往越过其原价至十数倍以上,此与书籍又一不同之点也。

(6)接收 接收交换品与订购品同一手续,然题识时,必须注明系交换而来。

(二)友谊性质交换 图书馆为声应气求,为酬酢交往,为互惠互助,友谊交换势所难免。其交换之多寡,与范围之广隘,当视其供给若何。一馆交换品之供给,则仰仗本馆之出版品与代理各部交换之出版品。然本馆有无出版品,与出版品是否以交换为基本原则,颇堪注意。平日图书馆之出版品,不外年终报告、图书馆公报及偶尔发行之小册而已。此种出版品,图书馆视为纯粹交换者颇少,几乎均定作寄赠之物。至于代理交换,其情形则因馆而异。有采集中政策,交换事务统归图书馆管理者,有临时接洽,彼此协订办法者(对内各部则系代卖,对外则系交换,以优待之利益,而收出多少之效)。情形既然不同,故执行交换亦有严格或宽大之别。然而严格只可求交换之平衡,宽大亦不可为无限制之乱换。与其所换之物全无价值,尚不如纯粹寄赠为愈也。图书馆倘有丰富之交换品,与谁交换,交换何物,亦不能不精选之。语云"取精用宏",交换时须注意也。

(1)选择 选择必须注意:(甲)交换物,(乙)交换机关。交换物最低之限度,本馆存之必须有益而无损。每种宜衡以本馆选择图书之标准。倘不适于馆用及无庸备置之品,最好勿与交换。交换机关组织大小、成绩优劣、历史背景等均须注意之。无论我向人,或人向我商请交换,必须精细审察后再为开始。

(2)书籍交换 交换有长期者,有临时者,长期者为定期出版品,临时者为书籍。窃思书籍之交换,原宜归商业性质交换。然有时接受各方赠品特多,当时无以为报,偶尔印发一书,分寄友好,藉事酬答,亦交换中所应注意者。故书籍可作商业交换,亦可作友谊交换,要在当时情形如何而已。交换底片上,凡向谁交换,交换何物,从何时起始,及接洽情形,应行备载。片之大小,与商业交换片及赠片相同。颜色各用一色,以别用途。此三种卡片可以排在一起,用时可收事件集中,精神贯串之效。每片填明交换机关、通信处、函件摘要、交换物等项。长期交换品可由期刊组接收,逐年或逐季一查,以视其有无缺欠、停寄等情,其余由交换机关寄来其他一切赠品,亦须记入此片,并注明其价值,以观每年双方能否平衡。

(3)寄发 书籍寄发,可记于底片中。期刊寄发,则应另立存根,载清送达机关、地址、起期、寄发期数、日期等项。倘收到各处致谢或收据,则于期数上挑记之,表明寄品已经妥收矣。

(4)排片 寄发片与底片排法,因需要不同,故有分排与合排之别。分排则顺次寄出,可免遗漏等弊。合排则查与某机关一切交换之事,可以应手尽知。各有长处,优劣似难分别。然寄发期刊不多时,余则主张合排,但每种寄发片可以高出一项,以高出位置不同,而代表各种期刊,当亦朗若列眉,各不相混矣。倘交换物多,交换处亦多时,合排则恐动辄牵连全体,不如分排较为得手。此种卡片,无论分排合排,最要宜先按国别排起,后按地域,再按各交换处名先后序列之。如欲依各机关之性质分开,亦无不可。如图书馆在一起,学会在一起,政府在一起……。

（5）接收　交换物之接收,与接收赠品无大悬殊,惟以交换片代替赠片而已。倘无物交换时,一切之交换品即不能不视为赠品。定期出版物由期刊组随时接收。如系书籍,到馆后即登入交换底片,然后审定入藏与否。如决定入藏,则作书片。惟赠送者则换以交换者,然后在书中题识,即可交登录组登录矣。

（6）转寄　与国外交换,如不欲直接寄发,可由教育部图书国际出版品交换处代寄即可。如此可以节省若干邮费,然每较直接寄发稍为迟缓。该部订有详章,欲行转寄者,可以函索,参照进行。

（7）附告　寄出书籍或期刊,内中必须加入交换通告,或盖用"请交换"之章。与本馆交换者,亦请其如是办理,以便接收。无论因为期刊停版,或不欲继续交换时,应行通告对方,对方如有同样情形时,亦请告知,以便结束。此点虽属细微,然于工作补助甚大也。

（8）用件准备　苟欲广事交换,为谋办事效率加大起见,普通征求交换,答复交换之函件以及刊物目录等,似宜先事备妥,用时填写较为合适。目录上应将交换条则印上,交换人选择时,方有依据。惟交换条则,向无定章,各馆可依照情况自拟,无须举例。

（9）存货　书籍期刊每次共印若干册,交换若干册,尚存若干册,每种每期应留记载。故何种物品有无存本,不必进库检查,顺手翻阅记载,即知底细。各种物品排列,必须有一定次序,苟有架号,亦应记于存货记载中。记载用簿式或卡式均可,附录中曾举一例,可参阅之。

登　录

登录之名词乃译自西文 Accession 一字,揆其真义,两者并不十分确切,然图书馆界,已经用惯,遂习而不察。此种方法,吾国早已采用,但均视为治书法中之末事,故不邀人注意。近人李笠氏谓:"为一书库开一进货账"[①],盖即指此而言也。然而今不曰进书或进货账者,乃从众也。

登录目的

图书馆之所以不惜精力,而有登录之设施者,乃有其固定之目的。固然其重要性,不若分类编目之不可或缺,然于书之管理上亦有莫大之资助焉。其最大之目的约为:

(一)统计　按图书进馆之先后,顺次登录,无论何时,欲知馆藏若干册数,于某时期中增加若干册数,所藏价值大概几何,便可应手而知,此法简单准确易举,故图书馆多乐用之。

(二)凭证　书之登录,如党员之登记,商标之注册,书之一切及来馆之历史均详记之,凡涉及某书,无须参阅本书,有此记载即可见其梗概。故保险时恒依此为凭。且书经登录,如遇急需,虽未编目,亦可转借,有此记载,即为馆有之凭证。

(三)点查　图书馆点查书籍,恒用此以佐书架片之不足,两相对照,益可征信。

有此三大目的,所以图书馆不惮繁难,于书到馆之后,编目之先,即行登录,至今犹风行也。

单位问题

图书馆之增加图书,恒按日按月按年计算,用瞻图书馆之现状与发展。普通算法以最近数目减去撤销数目,即为现存数目,然此数目,以何为单位,却为问题,其单位不若泉币米粮之有定制,语为多少,即无毫厘之差。考吾国图书馆之单位,常用者曰:

"本"或"册"

"卷"

"函"

"部"

"幅"或"张"

"片"

由以上观之,可作单位者,如是之多,而图书之编作又极复杂,有用函者,有钉本者,有名为卷而实为本者,有一本而包括若干卷者,有用函统本者,有用部统卷者,是以采用某一种单位,若本、若函、若卷、若部,而统计全馆之书,势必穷困而难通。倘用登录簿而以一格代表任何单位之数,则不能确切也明矣。且函有大小,本可分合,而并无定例以操纵之,同为一书,一馆可分为两函,一馆可钉成一本,其所不能变者,则为书中印就之卷数或册数而已。然则卷册之采用既不相同,是书之计算亦难言也。然而登录之事,乃为记书之实体,书当以本馆者为准,所登为一本,是谓本馆某书为一本,并非馆馆尽同,单位虽然复杂,但非无法可以解决,吾意凡书之单位皆计算之,如某书若干函,若干册,若干卷,均照实录。倘用登录

70

簿,函、本、幅、片各占一本,另用一号,入函者不入本,入本者不入幅,各占一号,每号可代表一种单位,统计时则全馆共有若干种,计若干函,若干本,若干卷……,如此则有确数也。然而登录之目的,统计只居其一,苟如此,似乎偏重于统计耳。

类从问题

图书馆登录之设施,格式之精粗,每有不同。有用片式者,有用簿式者,有只登录正式图书者,有无论小册、画片、书启、乐谱、图表以及零星小品,均分别登录者。然则究竟分别书体,以类相从欤?抑统用一号以贯串之,而不稍事分别欤?鄙意规模较小之图书馆分合无大关系,规模较大者,则无妨分类登录,其类约为:

(1)正式图书。

(2)小册(Pamphlet) 小册者乃为几叶而装订不固之小本也。其与正式图书之分区,则在馆员之判断,并无显著之划界,图书馆有定由若干叶至若干叶者为小册,如五叶至五十叶,颇可法也。

(3)手稿 任何书籍文章,为著者手稿,其价值每高于普通书籍,自可为一特藏,单录之,以瞻搜积之成绩如何,随时皆可参考,但钞本不能与此并论。

(4)图表 图表不在书中,而单为一张或单成一轴者,可另录之。

(5)画片 字画、图画、照片、邮片、邮票、肖像、拓片等,零散而不成一种书式者,宜单录之。倘图书馆搜积范围宽泛,如留音机片、影片等皆可自为一类。然图书馆亦有以科目分登者,是在管理者酌量情形,权衡利弊而定取舍耳。

登录法

（一）符号　图书馆目录中须著录登录项目，是以图书等件，经过登录后，必须注明，以示此种手续，业经完竣。通常符号皆用连数，但亦有用其他号码者，盖此乃人为之符号。何者益大用宏，则专在用者之采取而已。

（二）地位　标号应有定位，编目者方易检查。然标在何处相宜，主张亦不一致。岳良木君主张标于书名叶下端中间，如无书名叶时，得于封面后第一叶下端中间填写登录号②。何多源君则主张于书籍之封面内面加一登录号码③。然岳、何两君所言仅及乎书，故仍失于略，今规定标号地位如下，以补正之。

（1）书籍　凡装订为本，则标号于目次叶上端中间，无目次者则标于正文起处之书眉中间。凡函装者，则标于书之每本封面上，及函之内面。

（2）小册　小册如登录时，则标号于正文起处之书眉中间。然小册图书馆大半多不登录，盖因其无长久性也。

（3）图表　有轴者标于轴之一端，无轴者标于图表中之说明地位。

（4）画片　单面者则登于片之背面。然大多数图书馆不登录此种材料。

（三）簿式登录法　登录方法至多，可视为完善者却少，最简单者，则为簿式登录。其法则预先备妥一簿，叶分若干栏，平区为若干行，每行为一书登录之用，行前有号，即登录号，积若干叶为一本。平时每叶二十五行，百叶为一本，以其易于计算也。

（1）登录　簿中分为著者、书名、册数等栏，如附录一中所举者，应依订片或其他底片中之条为准则，照录于簿中。

（2）登录号　每一书一号，号用簿中行前印妥者。

（3）登录日　日期每写于第一行之上，或每日起始之第一行前。每五行或十行添百位以上之数，以资连贯。

（4）备注　凡合钉、撤销、交换等特殊情形，均填入此栏。

（5）书中标号　登录毕，按照簿中之号，标于书中之一定地位，标号用机器或手写均可。

（6）条例　登录宜参用编目条例，以免凌乱。此处毋庸细举。

（四）活叶式登录法　订起之登录簿，每嫌笨重，且必用手写，故有改为一种活叶式者，以便西文登录时利用打字机。但亦有其缺点，一、数目易错，二、易于散乱。然旧式者每多重书目项目，而此种则重其来源，详其分配，以供统计之采用，是为新趋向，宜注意者也。其格式详于附录一中。

（五）用书架目录替代登录法　为避免登录之繁琐，可将欲行保持之项目转告编目部，录于书架目录片中，以备参考。至于统计数目用另法计算之。图书入藏，均有一片，不论其为买品、赠品、交换品或合装之期刊物。每种书中夹好各书之片，则交登录员作统计，统计作毕则可转送编目部矣。

（1）分别门类　统计时第一步即将各书中所夹之片撤出，撤时须注意，片中项目与书是否相符，然后可按其来源分为买者、赠者、交换、连续出版品。每类之中再按用款、学院、小说、非小说、期刊、补充，或其他之细目分开。此种分法可预先规定妥适，不可今日如此，明日如彼，以失原意。

（2）计算数目　一俟类别分妥，每类共计若干种，若干册必须记下，仅就卡片计算，未必准确，按书实地计算方为可靠。计算数目则详记于另纸，以下三种统计纸，可随便采用其两种。

（甲）统计签　此种签不必另备，利用"借书日"之格纸即可，每类占一格，算妥即行登入，每日转入统计片，或数日一转，其期间之长短，可酌量情形定之。签中每日统计者可以一结，而画一横以表示之。

（乙）统计片　片之大小与通常用片同,上分日期、来源、总加数、撤销数、纯加数、总藏数等栏,每一种单位如册、卷、函各备一片,其他门类亦各用一张,可用不同之颜色代表其门类,极为便利。

（丙）统计表　其性质与片同,惟篇幅稍大,可装订成册,便于保存。

（3）片上书上标号　此号用笔写或用机器均可,号之编法如同银行支票号码,须有一定之指义,并可藉此以表示此书已否统计。如不用数码,可题加号（+）于书中与订片中之收到日期后,即表示此书已经统计。如果收到而未统计时,可用一横（-）表明之。如某书装订尚未作毕,则亦如此注明,装好后则书中与订片中加一竖,便可表示已经统计矣。设因装订或其他原因未入统计,必须记清书之所在于片上。或单作一种序列,标为待登录者。此种序列包括任何图书不能即刻登录。为避免遗忘,可单备复张排于收到序列中。

（4）排片　图书送交编目部时,将该书之片夹于书内,一同送交该部。该部即将订片、赠片留下,排于收到序列中。连续出版品片,则仍退与购求部。

（5）编目部善后　编目部收到后,即将图书上架,进行编目,编目时有两种方法可取,一为将登录项目转录于书架目录片,一为将订片、赠片等改为书架目录片。

（甲）书架目录著录登录项目　书架目录平时著录为:著者、书名、书店、出版地、出版年、卷、册、函数、登录号与其他注释等。如用此代登录记载时,则可添录账单日期、号数、来源、价值与用款等项,以期关于某书之来馆历史一览即知,如此其功用则与登录簿无稍异矣。此片作毕,可将原片仍退与购求部保留。此种作法,卡片新净无模糊之弊,而购求部尚可保存其收到序列。大图书馆采用此法,较为适宜,因复本多而省若干记录也。其缺点则为亦须著录各项,而订片反成一废片,按经济利用,似乎用订片等改为书架目录片较为妥适。

(乙)用订片改为书架目录片　编目倘采用订片为书架目录片时,一俟类号与著者号拟妥,立刻将此片排入书架目录中,可免重码之弊。图书馆增加图书较多时,最好写一临时书架片,片上只写架号、著者、书名,排于书架目录中,订片改妥后,再行换出。或者未编之订片另排一起,而标为最近收到图书,分类编目者须常参考此处,再加架号。图书编妥后,再由此处撤出该书之片,排于正式书架目录片中。此法较写临时书架片节省不少精力。此种作法,订片则为馆中最基本之记载,凡关于图书问题皆依此为根据矣。用此替代登录,不但精力、财力、时间皆为经济,并可利用一片而完成其一切之手续,而无妄费之弊。且用此作各项统计亦极便利。惟用此法时馆中职员程度必须高深,否则著录问题必多,反不如用簿录法为简单易举也。

(六)用发单替代登录法　此种方法吾国用者尚少,因大部商人书法欠精,而多讹误,著者、书名,随便简缩,各书店发单格式又无一定,倘用此法,定失于乱。然此亦属方法之一,故述之以备一说而已。采用发单以代登录者,书经验收后,即加登录号于书中与发单上,杂志则用装订发单,赠者则图书馆备一种单纸自行列入,赠书人亦行登入。每种一号,书中与订片上亦注明同样之号码,号与号衔接,每单包括数册时,则用连号如一至十,每单结一总数,按日转入统计片,发单或排入序列,或贴于簿上均可。排法按书店名字,同书店中则按日期。书店名称与发单号数与日期皆记于书中,为省事起见,可以简写。书架片上亦照样录上,如录登录号者然。如果贴于簿上,排法按日期为先后,如此登录号皆可鳞接,检查极为便利。此种发单登录法,欧、美甚为普遍,然吾国多不惯于用耳。

(七)用订购片替代登录法　将登录号标于片上,然后依登录号排列,以代登录簿,此法只用片代簿,其项目与排法则完全相同,但可免抄录之劳而更详购求各项耳。从发单转注日期、价目时,即可登号于书上与片上。片则暂排于收到序列内,待编目毕,则抽出添注架号而排于登录序列中。此法虽省手续,但卡片极占地位,数十年后,则将成问题矣。因此种序列只有增加而无减少,书可撤销,而片不能废弃。此种利用,尚不如用订片等作书架目录片为优也。

注 销

凡图书经主任或选择人规定注销者,除先请编目部将各种卡片提出外,然后于登录簿上记明原因与日期,注销若干,列入图书统计中。

①《大夏周刊》 九卷七期
②《图书馆学季刊》 四卷一期
③《广州大学图书馆季刊》 一卷一期

杂　务

收发

图书馆信件等物,收入发出,应集中一处,设员管理,以杜零乱,免贻滋扰。此事归何部负责,则无定例,有属于总务部者,有属于馆长办公室者,亦有属于购求部者,故其手续亦宜述清。

(一)收入　收入等件,约可分四大类:(1)函件,(2)杂志及新闻纸,(3)广告,(4)包裹与箱子等。运送之法,不外自送、邮寄及转运而已。凡收到来件,先检出书信,送交馆长室。或在此处剪开,连同信封夹好,盖上收到日期,再交馆长批阅,然后再交各当事者。次检杂志及新闻纸,交期刊组或交换组作接到手续。书之广告、目录等则转与选择组。凡挂号信、邮包及书籍等,皆摘要记入收件簿中,簿中竖分若干栏,横画若干格,列为项目,按此填写。

(二)发出　发出之信件等,亦须记清。发时为最后校对之机会,如通信处,信中字句,皆须注意。错误愈少,则无味之交涉愈少。购求部发出之信件,不外订书、通知、更正、追索、征求、致谢、退换等事,发出时亦须摘要记下,寄费若干亦须记下,每页一结,按时报告。最关重要者,各部来往公函,应用本部名义,勿用个人私名,避免公私混乱,而遗收发者之困苦。

记账

　　购求部所记之账,约有四种:曰流水账,曰估价账,曰总账,曰书店账。估价账之功用与记法,已详于订购篇,无庸再赘,今所应述者,尚有其他三种。记账之先,须谨慎查对发单有无差错,非完全对者,不能付款,亦不必记账。平常发单可以分开序列,按其情形,别为三种:曰候书序列,曰预备付款序列,曰更正序列。凡须更正者,必须指明错于何处,如何更正,双方始为便利。发单中与订购底片上,皆载清楚,然后备函通知书店,陈明误点,举出办法,待其答覆,再行付款。如索款急者,或本馆欲速清者,可将发单改正,即行付款,外须备函通知书店,告清原委,函件可多写一张,一张排入书店序列,一张贴于发单上,以便参考。凡预备付款之发单,先将书价分妥,批明归于何种款下拨付,如款已付,或已通知会计付款,同时即行入账,先入流水,后过总账与书店账。

　　(一)流水账　本部流水账,出款多,入款少,大部出款皆系清还书店欠款,故账中应分发单日期、书店、款名、钱数、支票号码、付款日期等栏,以便记载,可参阅附录一中所举之例,如有入款类似付多又退回者,则照常记入,惟钱数用红色括弧括起以示区别。

　　(二)书店账　同交往之书店,皆单立一账,按书店名顺序排列。其账中项目,皆根据流水转来。此账之目的,专为查对账单便利而设,按此对照,可知何者已付,何者未付,其中有无疑点,如有,则应询究竟,请其改正。规模小者,此账自可免记,而往来较多者,则不能省此手续。记法甚为简单,只按流水逐项转过而已。

　　(三)总账　总账者即预算中各种分款之总账也。款由何项开支,于流水中已经注明,按流水逐项转过各该分款账下,每日一结,则知已用若干,尚余若干,报告主任或各分款之当权者。

以上三种账目,皆宜用活页者,增加与排列,便可随时整理,钉牢者不若此经济合用也。

本部虽然记账,而款未必由本部开支,若由会计处付款时,本部须备支银单,通知会计处照付,如已付清,则须告知本部何日付出及支票号码,以便记入账。

统计与报告

统计者乃综合或分析已往之事实用数目之写实也。报告者即为公务情形之述说也。写实用统计之法,具体而微,简而赅括,附以述说,则情状益明,故统计与报告必须相辅而行。统计时期,可长可短,由日月以至年,由往年以至现在,其数目可以比较。报告之范围,可大可小,可以瞻前顾后,详尽细述,可以择其有关宏旨者略陈。例如,本部原定计划为何,何者已办,何者未举,何者应兴,何者应革,困难所在,扩充可能,一一述清,必使人一览即知本部之大势、需要与努力。成功者应保守,失败者必须仍奋力进求。凡统计与报告,不为则已,为则必须作成本部成绩之总册,为将来改善之策源,方不失其真义。是以此事,不能敷衍,不可铺张,必须根据每日工作之实情与本部之现象,正确记载之。报告为文字之述说,勿庸深论,统计之方法与格式似乎仍应补足,始为便用,故不得不再详述之:

统计　本部必备统计约为三大类,曰财务之属,曰图书之属,曰工作之属。

(1)财务之属　选书、购书大半皆受图书经费之拘束,所以于一定之时,必须知尚存若干,方能决买否。此种统计作法,先将总账各项支出总数,加上应付之数,及估价之数,由所分之数减去,即得总存,其结数则依附录一中所举之表填写之。每日一作或两日一作,则斟酌情形而定,以备委员会或选人参考,使知盈亏之状况,预为准备。

(2)书籍之属　书籍增加与减少,可以依其单位,依其类别,依其来源,依其文字,分别各作统计,按日按月按年报告,副张或存入序列,或夹于登录簿中,作为存根。有主张分类统计理宜归编目部担任,比较精详,此见是也。各种统计表之样式,可参阅附录一中所举者。

(3)工作之属　统计之作,必有一定之功用,毫无意义之统计,必须避免,绝不可迷信统计而偏重之。是以工作之统计有无设施之必要,必斟酌情形而规定。订购之图书或杂志,每日可以计算一次,亦有将未能买到之书籍列入者。每日发信征求与收到应征图书作一比较,交换送出与收到亦须比较。装订与修理若干种可以算出报告,用以瞻工作之概况可也。至于每日工作统计报告,国中大图书馆,亦甚风行,其格式颇多,无非将各种工作列成一表按项填写而已。

附录一　表格样张

1. 图书介绍单之一种

架号	著者	务必填写清楚	急否
登录号	书名		
订购日期			
订购处			
到收日期	版次　　　出版地　　　出版者		
实价	出版期　　册数　　定价　　估价		
经费	介绍人		
发单号	书评在		
	关于此书有何意见请注在背面		

2. 图书介绍单之一种

著　　者		
书　　名		
卷数　　　版次　　　出版地　　　出版者		
出版期　　大小　　叶数　　定价　　实价		
订购处　　　收到日期	介绍人	
订购日期　　发票日期及号码	核准	
订单号	注解可写于片后	
	急否	

3. 图书介绍单之一种

著　者			
书　名			
出版期	册数	版次	价值
出版地与出版者			
部　数	书来编存		
介绍人	学系主任签名		
简　注			
介绍片收到日期	点查有无	购买处	
购买日期	书籍日期	发单日期	经费

4. 审留图书临时签

书　名	
函　数	本数
版　本	
书　店	
送到日期	
发单	
备　注	

5.评阅实用图书报告单

著　　者
书　　名
版　　本
请用√号指明书之各点如有其他意见可注于片后 功用:读阅　参考　研究 内容:丰富　简略　普通　深邃　专门　可信 文字:清新　典雅　板滞　通俗 功效:良善　兴奋　含混　败窳 适于:成人　青年　儿童 品质:好　坏　图表清楚　模糊　印刷合用　不合用 材料:地图　画像　程式　表格　索引　书目　附录　其他 有无购求价值 评阅者

6.评阅文艺图书报告单

著　　者	类别
书　　名	探险
版　　本	侦探
请用√号指明书之各点如有其他意见可注于片后 功用:普通　永久　有无限制 艺术:优良　高妙　不朽　平庸 适于:普通读者　男子　女子　成年　青年　儿童 功效:愉快　良善　沮丧　幽暗　败坏　感化　淫污 　　　兴奋　通俗　无价值 书评载于 评阅者	短篇 神仙 历史 爱情 现代 心理 浪漫 幽默 旧体 其他

7. 通知已买签

顷查此书已经订购
○本详情见介绍片
○之背面此告
○○○
购求部

8. 通知已有签

顷查此书馆中已有
○本已将索号注于
介绍片之背面此告
○○○
购求部
（印章：已入藏）

9. 预估图书用款账

经费名称

日　　期	摘　　　　要	款　　数	备　　注

10. 订购图书单

_____

_____

（馆名及通信处）

订单号 - - - - - - - - - - - - - - - -

日　期 - - - - - - - - - - - - - - - -

启者兹拟购下列各种图书即希
检齐连同发票一同寄下票中务祈
注明订单号数并请
注意背面各条知照是为特要此上
　　　台鉴

　　　　　　　　　　　　　　　　启

量　数	著　者	书　　　名	出　版　者	定　价
		（正面）		

11.请送书备置单

<table>
<tr><td colspan="5" style="text-align:center">（馆名及通信处）

日　期------------------</td></tr>
<tr><td colspan="5">启者兹欲购下列各书
贵处如有存本望
开单列清版本及最低价格连同图书一并寄下以便审察购置是为
盼祷此上
　　　台鉴

　　　　　　　　　　　　　　　　　　　　　　　启</td></tr>
<tr><td>著　者</td><td colspan="2">书　　名</td><td>数量</td><td>备　注</td></tr>
<tr><td></td><td colspan="2"></td><td></td><td></td></tr>
</table>

12.订购图书片第一张

_____

（馆名及通信处）

订单号----------------

日　期----------------

著　者

书　名

　　卷　　册　　部　　出版期

出版者

订购处

启者请将上列之书由邮挂号寄下如不能照配时即希告知原
因为要发票务备两张如有折扣亦祈注明

_____

12.订购图书片第二张

订单号----------------

日　期----------------

著　者

书　名

　　卷　　册　　部　　出版期

出版者

订购处

		备注：
收到	□绝　版	
催询	□售　缺	
取销	□尚未出版	
从买	□非卖品	
	□出版者不详	

12. 订购图书片第三张

	订单号-----------
	日　期-----------

著者
书　名
　　　　卷　册　部　出版期
出版者
订购处

启者上列书籍业已到馆特此通知即希
　　台鉴

_____

12. 订购图书片第四张

	订单号-----------
	日　期-----------

著者
书　名
　　　　卷　册　部　出版期
出版者
订购处

启者前向
贵处订购上列书籍迄今尚未承寄来务祈　查明示覆如该书
已经寄发请置此勿顾可也

_____

12. 订购图书片第五张

订单号------------

日　期------------

著　者

书　名

　　　　卷　册　部　出版期

出版者

订购处

启者上列书籍查系

台端介绍敬为报告如次：

□已编妥　　　　　　□出版者不详未能买到

□绝版　　　　　　　□售缺

□尚未出版　　　　　□已托书店代寻旧本

13. 通知编目部注意签

注　意

此书编存

□请特备目录片一套

□急需

□第　复本

□连续出版品

备　注

14. 杂志划到片（正面）

年	卷	一月	二月	三月	四月	五月	六月	七月	八月	九月	十月	十一月	十二月	备注

出版处

订购处

14. 杂志划到片（背面）

订阅日期	起　　　止		经费名	定单号	款数

15. 征求书店目录邮片

迳启者本馆对于新旧书籍广事搜罗
但见闻有限终不免沧海遗珠拟请
贵处将最近所编书目检送全份并希
嗣后新出书目随时逐寄以备翻阅选
择分别购取是为感荷此致

台鉴

启

年
月
日

16. 征求官书启事

迳启者本馆现拟征求各地方政府最
近各项报告统计调查法令章程及其
他出版品以资参考而广见闻倘
贵 出有关于以上各项之出版品恳
请各赐一份是为感盼此上

启

年
月
日

17.征求期刊启事

号（覆示请注明此号）

敬启者顷闻
贵　出版后列刊物精粹丰富足资参
考拟恳
长期寄赠一份以供众览倘需订阅亦
请先检寄下并开示清单当即照付特
此奉恳即希
查照见覆为荷此上
　台鉴

启

年 月 日

18.请求赠书启事

号（覆示请注明此号）

敬启者近见
贵　出版有左列书籍材料丰富义例谨
严至深钦佩拟恳
惠赠一份用光签架而资考镜如需购
订亦请示知以便备价专此奉恳即希
查照见覆为荷此上
　公鉴

计开

启

年 月 日

19.谢赠书启事

敬启者承

惠赠左列书籍业经拜领珍存供诸众

览除登馆刊表彰

高谊外肃此奉覆并达谢忱此致

　　　　计收到

　　　　　　　　　　启

年
月
日

20.谢赠杂志启事

敬启者蒙

惠赠左列杂志业已陆续按期收到登

录编目供诸众览嗣后仍希

源源见寄用启多闻嘉贻来学特肃菲

函藉申铭感此致

　　　　计收到

　　　　　　　　　　启

年
月
日

21. 收赠图书总底片

赠者							
通信处							
收到日期	书籍	小册	期刊	收到日期	书籍	小册	期刊

22. 收赠图书底片之一种

收到日期 致谢日期	赠者 通信处

23. 收赠长期出版物底片

(赠者)

卷	年	收到日期	卷	年	收到日期	卷	年	收到日期	卷	年	收到日期

24. 收赠图书底片之一种

收到日期	著　者			
	书　名			
致谢日期		卷数	册数	页数
	版次　　　　　出版地　　　　　出版年			
备　　注	出版处			
	价格　　　　　　　部数			
	赠者			
	通讯处			

25. 交换账簿

出			项	入			项
日　期	摘　　要	银数		日　期	摘　　要	银数	

26. 交换底片

（交换机关及地址）

交　　换　　品	函　件　摘　要

27. 交换期刊底片

（交换期刊名及起始时期）		（交换机关及地址）			
卷　　期	寄发日	卷　　期	寄发日	卷　　期	寄发日

28. 存货底片

架号	（期刊名）			
	卷	期	年月	共印册数
取出日期	册　数	取出日期	册　　数	取出日期	册　　数

29.征求交换启事

迳启者近见
贵　所出左列刊物精粹丰富足资参考
兹拟以敝馆刊物交换藉为互惠若蒙
不弃即希于敝馆刊物目录中
指定何种可与
贵刊价格相当以便按期检寄为荷此致

另附敝馆刊物目录一份

启

年
月
日

30.答覆交换启事

号（覆示请注明此号）

敬覆者承
惠寄左列刊物嘱为交换无任欣感应
即照办兹先奉上敝馆刊物目录一份即
请指定何种可与
贵刊价格相当以便逐期检寄为荷此致

收到

附敝馆刊物目录一份

启

年
月
日

98

31. 登录簿

登录日期 - - - - - - - - -

登录号	著者	书名	出版者及出版地	出版年	实价	来源	卷	册	备考

32. 活页登录簿

登录号	著者书名	连用登录号	用 款				备考
			参考	杂志	书款	特备	

33. 登录统计片

类　名								
日　期	买	赠	交换	其他	增加数	撤销数	纯加数	共藏数

34. 流水账

付款日期	过账	书店	发票日期	经费名	款　数	支票号码	备考

35. 书店总账

书 店					
付款日期	款名	发票日期或号码	款数	支票号码	备考

36. 分款总账

款 名			
付款日期	书店及发票日期	入　项	出　项

37.请付款凭单

存根

凭单------号
日期
书店
款数
出------年度------项下
共用 { 国币 美金 日金 马克 法郎 其他 }

（图书馆名）

用款凭单

第------号

启者兹已或预购图书共------即请
查核于------年度------项下支这／面／邮／汇
付------书店附呈该店发单一纸此致
会计处

（主任签名）

日期

会计处

凭单------号
书店
款数
于------付清
支票------号码
已出------年度------项

此覆

图书馆主任

（会计主任签名）

102

38.财务报告表

		购求部民国⸱⸱⸱⸱⸱⸱年⸱⸱⸱⸱⸱⸱月份财务报告表				
款　名	上月结存或结欠	入　款	出　款	现　存	估　价	结存或结欠

39.登录总结表

		登录总结表		
			年　月　日	
项　　目	种	册	种	册
上月总结			——	——
本月购买书总数	——	——		
本月交换书总数	——	——		
本月赠送书总数	——	——		
其他图书总数	——	——		
总结	——	——		
撤销总结	——	——		
纯加数			——	——
总存			——	——

103

附录二　书店举要

本篇原拟分为二部，一为中国书店，一为外国书店。合此二部书店之名，约至千数百家，此尚专选其著名者，殊嫌其末大于本。复因外国书店皆有专书可稽，如美国则有：

Burnbam, Mary & Spafford, M. E. ed. :

　　The cummulative book index. New York, H. W. Wilson Co.

此书中之书店指南包括一千余家，美国书店占大多数，其余各国之书店亦间有列入者。尚有：

American booktrade directory. Latest.

此书将美国书店，几乎搜罗竟尽，极便参考。英国则有：

Stevard, James D. ed. :

　　The English catalogue of books; being a continuation of the "London" & "British" catalogues; with the publications of learned & other societies & directory of publishers. Landon, The Publishers, Circular, Ltd.

此书中之书店指南包括亦过千家，英国书店将尽于此。又有：

The reference catalogue of current literature. London, J. Whitaker & Son, Ltd. Latest.

此书中所列书店虽不若前书所列之多，然皆系著称者。法国则有：

La librairie francaise catalogue general. Paris, Au Cercle de la

Librairie. Latest.

此书中详列法国及其他国书店约一千八百余家,可称为大观。

日本则有:

东京堂编:《出版年鉴》

此书"出版关系诸名簿"部中,所载日本书店甚多亦甚详细。

德国则有:

Adressbuch des deutschen buchhandels. Leipzig. Borsenvereins der deutschen buchbandler zu Leipzig. Latest.

此书编法甚好,亦甚齐备,有此一书,德国书店则可了如指掌。

他如:

Clegg's International directory of booksellers, publishers, binders, paper makers, printers, agents, book collectors, etc., 1930 - 31. London, Simpkin, Marshall.

此书所举书店等颇多,惟稍过时。按以上各书均较编者所搜集者多且详备,是以将外国书店割弃,仅留中国书店一部于此。然中国书店为数亦多,今仅择其重要者罗列于后。就中皆以营业者为主,其余如学术出版机关,则有:庄文亚编《全国文化机关一览》,上海世界文化合作中国协会筹备委员会出版。关于杂志报章则有:燕京大学新闻学系编《中国报界交通录》与林振彬编《中国报纸杂志指南》以补此篇之不足。编者志奢力薄,挂漏谬误必多,希读者谅之。

上海市

大东书局

四马路

有线电报挂号:五〇三〇

无线电报挂号:五七七五

分局:南京花牌楼,北平杨梅竹斜街,天津大胡同,沈阳鼓楼北,哈尔滨道外五道街,开封北书店街,济南西门大街,汉口中山路,长沙南阳街,徐州大同街,南昌中山路,常州局前街,杭州保佑坊,广州永汉北路,梧州大中路,汕头至平路,重售庆珠市,成都商业场,云南西院街,星加坡海山街。

图书目录 一册,第二十七期,民二十二年。

(编译学校教本,家庭读物,应世新书,地图辞典,小说杂志,印刷书报单券,监制文具,经售南纸。)

大英圣书公会

(British & Foreign Bible Society)

香港路三号

Cable Ad: Testaments

(出版基督教书籍)

大华杂志公司

四川路四百四十七号

书目 一册,民二十三年。

(经售中西书籍,代订杂志发售文具,承办印刷。)

上海图书公司

海格路海格里二十七号

电报挂号:六七〇二

甲种西书目录 一册,民二十三年。

(印行中西书籍,尤以翻版西书为多。)

上海杂志公司

四马路

(代订中西杂志)

千顷堂书局

三马路

图书目录 一册,民二十三年。

细目:本局木版书籍,各省官书局书籍,本局石印书籍,医学书目。

(收售旧书)

文瑞楼

石印部:棋盘街

木板部:绿荫堂书坊

106

分局:苏州阊门内

图书汇报　一册,民十四年。

文华美术图书印刷公司

棋盘街泗泾路

电报挂号:有(无)线五八四一

西文 Wenwa

分公司:南京太平街,汕头安平路,北平京畿道,广州永汉南路。

木版详细图书提要　一册,全国著名出版图书提要一册。

天马书店

老靶子路二四九号

新书目　一册,三版,民二十二年。

中国太平洋国际学会

(China Institute of Pacific Relations)123 Boulevard de Montigny.

中国书店

西藏路大庆里一一〇号

新旧书目　一册,第十卷,民二十三年。

中国圕服务社

(China Library Service)

泗泾路三十六号

电报挂号:七四一九

分社:广州禺山市新街三十六号

经售下列各家书报:

American Library Ass'n, Chicago.

Bowker Company, N.Y.

Faxon & Co., N.Y.

H.W. Wilson & Co., N.Y.

经售下列各公司图书馆用品:

Demco Library Supplies, Wisconsin.

Gaylord Bros., Inc., N.Y.

Library Bureau, N.Y.

Library Efficiency Corp. , N. Y.

（经售中西书籍，代订杂志，监制图书馆用品。）

中美图书公司

(Chinese American Pub. Co.)

南京路七八号

电报挂号：Stationers

西文目录（印发无定）

下列各家中国经售处：

D. Appleton & Co.

McGraw – Hill Co. , N. Y.

（经售西文图书，各种文具，承办印刷。）

又名联益文具公司

（大批买卖由联益办理，零售买卖由中美办理。）

中华书局

河南路福州路转角

有（无）线电报：上海二五七九（书）

分厂：香港九龙马头角北帝街四十号。

分局：南京杨公井，下关，北门桥街，太原桥头街，芜湖长街，长沙府正街，厦门中山路，云南三牌坊，新加坡大马路，济南芙蓉街，郑州车站马路，西安南院门，徐州中山街，邢台城内中山街，青岛山东路，南昌洗马池街，衡州城内铁炉门，广州永汉北路，成都古卧龙桥大街，保定城内西大街，烟台北大街西，温州福前街，北平琉璃厂，沈阳鼓楼北，杭州保佑坊大街，九江大中路，常德沅清街，香港皇后大道中，重庆新街口，绥远牛桥大街，东昌东门大街，汕头永平路，天津大胡同，张家口武城街，安庆龙门口正街，汉口交通路，福州南大街，梧州大中路，兰州辕门西，石家庄大马路，开封新华北街，潮州新亭脚。

图书目录（附文明书局出版书目） 一册，重编第一号，民二十三年。

（编印教科书，出版各科用书，发行杂志，影印名贵书画，承接印件，监制文具仪器。）

中华学艺社服务处

法租界爱麦虞限路四十五号

图书目录　一张,民二十三年。

(代办中外图书,代订全国刊物。)

中医书局

(Chinese Medical Book Co.)

山东路十三号

书目提要　一册

书目提要增补　一册,民二十三年。

书目　两张,民二十三年。

北新书局

四马路中市

分局:北平,重庆,昆明,成都,厦门,贵阳,开封,温州,济南,南京,武汉。

图书目录　一册,民二十三年。

新书统览　二张,民二十三年。

(编行教本,儿童读物。)

申报服务部

出版日报　第一期——民二十二年六月——

(代办全国各种图书杂志)

民智书局

河南路二〇〇至二〇二号

分局:南京杨公井,广州永汉北路,北平王府井,武昌省政府前,长沙府正街,汉口

出版书籍目录　一张,民二十三年。

新书集刊　第一辑,民二十三年。

(编著大学教本,翻译世界名著,翻印古籍。)

生活书店

(Life Publishing Co.)

四马路三八四号

全国出版物目录汇编(每年修订一次)　第一次,民二十二年。

全国定期刊物一览　一册

（出版参考书籍，代办中外图书，寄售全国刊物。）

世界书局

四马路中

电报挂号：九六三四

分局：南京太平路，福州南大街，梧州南环路，杭州三元坊，厦门中山路，重庆县庙街，兰黪西门大街，汕头至平马路，衡州八元坊，温州府前街，广州永汉北路，常德常清街，长沙南阳街，九江大中路，济南西门大街，汉口交通路，芜湖长街，青岛四方路，南昌戊子牌街，徐州东门街，太原柳巷街，北平杨梅竹斜街，天津大胡同，沈阳鼓楼北。

图书一览　一张，民二十三年。

（中西文教本与普通书籍。）

良友图书印刷有限公司

四川路八五一号

电报：中文上海七三八五（餐）

　　Liyoprinco Shanghai

分局：南京太平路中，汉口湖北街，广州永汉北路，重庆模范市场，新加坡小坡大马路，香港大道中，厦门中山路，梧州大中路。

图书目录　一册，民二十三年。

育婴堂

土山湾

经售河间府教堂出品

目录　一册（中法文书籍）

青年协会书局

（Association Press of China）

博物院路二十号

电报挂号：Committee

书目汇编　一册，民二十三年。

（经售中西文图书）

亚东图书馆

五马路棋盘街西首

电报挂号:(图)〇九五六

无线电报挂号:一〇五九六

书目　一册,民二十三年。

(著重新文化书籍之推行,旧小说之整理翻译校雠无不细心。)

儿童书局

四马路中市

电报挂号:九三〇一

分局:济南西门大街,绍兴城内,南昌,九龙。

书目　一册

南京书店

河南路

分店:南京太平路

图书目录　一册,民二十三年。

(各级学校课本,各种图书。)

美国书业公司

四川路四百十号或邮箱一七九八号

(经售俄文书籍)

神州国光社

四马路中市

支店:北平宣内大街,广州财厅前,济南纬二路,南京花牌楼。

名著总览　一张,民二十二年。

泰东图书局

四马路中市

目录　一张,民二十三年。

时代图书公司代办部

出版月报　第一期,民二十三年五月始。

(代办书籍,杂志,印刷,文具。)

商务印书馆股份有限公司

(The Commercial Press, Ltd.)

河南路二一一号

电报挂号:五三六四

分厂:北平虎坊桥,香港坚尼地城。

支店:南京太平路,安庆龙门口,芜湖西门大街,南昌德胜马路,九江大中路,杭州保佑坊,金华四牌楼,汉口中山路,武昌察院坡,长沙南正街,衡州八元坊,福州南大街,厦门中山路,北平琉璃厂,天津河北大胡同,保定西大街,济南西门大街,青岛天津路,开封财政厅街,太原西肖墙,运城路家巷,西安南院门,成都春熙路,重庆白象街,广州永汉北路,潮州铺巷,梧州竹安马路,云南光华街,沈阳鼓楼北,香港皇后大道。

图书汇报(每年刊行三期,定于四,八,十二月终出版)。

初版与重版(每月一份)

每月进口西书目录

出版周刊

(编印学校课本,发行图书杂志,纂辑字典辞典,供给文具仪器,承接各种印件,附设函授学校。)

扫叶山房

棋盘街

分号:上海彩衣街,苏州阊门内,松江马路,汉口四官殿。

书目　一册

图书汇报　一册

莱菁阁

四马路

书目　一册

(收售旧书)

开明书店

福州路二七八号

电报挂号:七〇五四

分店:南京太平路,广州惠爱东路,北平杨梅竹斜街,汉口中山路,长沙南阳街。

出版简明书目　一册,民二十二年。

(代售上海,北平,杭州各家出版书籍。)

会文堂新记书局

河南路三马路北首

分局：北平琉璃厂，汉口四官殿，广州永汉北路。

（代理法学编译社发行书籍。）

新亚书店

福州路二六〇号

图书目录（年出一册）

（编印教育科学图书，尤以各科挂图为多。）

新学会社

棋盘街交通路

分行：宁波日新街，济南后宰门。

图书目录　一册，民二十三年。

（印行实业书籍，尤以农业者为多。）

环球书报杂志社

（International Booksellers, Ltd.）

博物院路一三一号

电报挂号：Interbooks

（代办图书，代订杂志。）

勤奋书局

劳神父路三九二号

（印行体育书籍）

广协书局总发行所

（Kwang Hsueh Publishing House.）

英国牛津大学图书公司中国经理

（Oxford University Press, China Agency.）

纽约哥伦比大学图书公司中国经理

（Columbia University Press, China Agency.）

上海北京路一百四十号

电报挂号：Lesdor

书目　一本，民廿三年。

汉英书报(每月一册)

(The China Periodicals)

发行:中华护士会教科书

经售:中华医学会出版医书,中华卫生教育会出版各种卫生书籍图表,接售协和书局中西宗教书籍。

黎明书局

四马路中

图书目录 一册,民二十三年。

新书月报 第一期,民二十三年一月始。

蝉隐庐书庄

汉口路二八三号

旧本书目 一册,第二十三期,民二十三年。

璧恒公司

(Noessler & Co.)

江西路三三一号

电报挂号:Noessler

(专售德文书籍)

医学书局

梅白格路一二一号

目录 两张,民廿二年。

(总寄售处:商务印书馆)

Kelly & Walsh, Ltd.

　　Post Office Box 613, Shanghai.

　　Codes:A. B. C. 5th 6th ed.

　　Tel. ad:Kelly, Shanghai.

　　(Booksellers, printers, publishers, Stationers,)

北平市

人人书店

西单牌楼

(售日文书籍)

114

人文书店

琉璃厂

目录 一张,民二十三年。

(印行及代售新书籍)

大同书店

(Peking Union Book Store.)

养蜂夹道

(邮售中西书籍,代订外洋杂志。)

大学出版社

景山大石作

三友堂

隆福寺街

(专售旧书)

文化学社

和平门外

电报挂号:二四二九

图书汇刊

代售者:各地中华书局

(印行教科书,儿童读物,文艺丛书。)

文友堂

琉璃厂西门

(该堂主人对于版本颇有经验,执平市旧书业之牛耳。)

文奎堂

隆福寺街

书目 两册,民二十三年。

(旧书颇备,兼营新出版之书籍如影印翻印等。)

文禄堂

琉璃厂东首二三九号

书目 第一期,民二十三年。

(旧书甚为完备)

文德堂

琉璃厂西门

（主人精于版本）

中国世界语书社

上斜街十五号

书目

（专售世界语书籍）

北京图书公司

琉璃厂一五五号

电报挂号：三八一二

分店：上海蓬莱路学前街口蓬莱市场

目录　一册，民二十三年。

（翻印西书）

四存学会

府右街

书目　一册

自强书局

琉璃厂中间路南

图书目录　一张，民二十三年。

老二酉堂

打磨厂

法文图书馆

（The French Book Store. ）

北京饭店内

（发售西书）

直隶书局

琉璃厂

分局：天津北马路，保定西大街。

书目　一册，民二十三年（目录后附私家寄售书目，颇足参考，为平中收售家之著称。）

来薰阁书店

琉璃厂一八〇

书目　第三期,民二十三年。

(旧书颇多,兼营新版书籍,有学术机关刊物目录,并私家出版目录。)

松筠阁

南新华街

佩文斋书庄

东安市场

(新书最称完备)

保粹斋

隆福寺街

(旧书颇完备)

修绠堂书店

隆福寺东首路南

电话:东局二二〇五(代替电报挂号)

经售:国立北平图书馆,北京大学,辅仁大学,营造学社,西北考查团,中国大学,燕京大学引得编纂处,燕京大学国学研究所,国立中央研究院历史语言研究所,地质调查所等机关出版书籍。

目录　第三期,民二十三年。

通学斋

南新华街

开明书局

琉璃厂

(旧书颇称完备)

富晋书社

杨梅竹斜街青云阁

旧书目录　两册,民二十三年。

(收售旧书)

最新印书社

西四牌楼北路西一二七号

（翻印西书）

著者书店

和平门外西河沿西头二十号

支店:河南开封城里北书店街路西九十三号

勤有堂

南新华街

（主人关于明以前书颇有研究）

群玉斋

海王村公园

（主人对于清代著述颇有研究）

邃雅斋

琉璃厂

（收售古今新旧各种书籍）

蔚珍堂

宣内小市

蔚文阁

宣内小市

翰文斋

琉璃厂

（旧书颇完备）

稽古堂

隆福寺街

学古堂

宣内小市

学海堂

宣内小市

宝文书局

隆福寺街

天津市

大公报代办部

法租界三十号路

分部:上海四马路中市,汉口金城里六号,长沙万福街二三号,南昌中山路二八三号。

天津书局

法租界二十六号

北洋印刷部

东马路袜子胡同四十三号

无线电报:六〇三三

有线电报:〇四五六

影印西书目录　一册,民廿三年。

省城书局

法租界泰康商场

华洋书庄

法租界

支店:大胡同

博古书店

西北城角

秀鹤图书馆

(Lynn's Book Store)

支馆:北平王府井大街

(经售西文书籍)

东方图书馆

(Oriental Book Store.)

天津印字馆

(Tientsin Press.)

英租界中街一八一号

(承办印件,发行书籍。)

南京市

正中书局

总发行所:南京太平路杨公井口

电报挂号:一〇〇〇号

分发行所:南京鼓楼黄泥岗,上海四马路。

杂志推广所:南京河北路。

营业所:南京河北路。

印刷所:南京河北路。

武汉批发所:汉口保成路长春里二号。

特约所:杭州,正中书局;镇江,正中书局;武昌,中兴书局;开封,宏文书局;西安,我的书局;北平,著者书店;济南,北洋书局;重庆,新生命书局;长沙,湖南图书合作社;温州,同益书局;常州,美新书局;无锡,文华书局;南昌,扫叶山房;宁波,明星书局;苏州,交通书局;南通,模范书局;如皋,正中书局;台州,台州书局;昆明,进化书局;天津,直隶书局。

图书目录 不定期刊行,已出三次。

业务:编印教科书及各种参考书,发行定期刊物;经售教育用具及科学仪器,承印大小文件。

花牌楼书店

太平路二三七号

(代售新书)

军用图书社股份有限公司

国府路

电报挂号:〇九五六号

分社:上海麦家圈,武昌汉阳门,长沙中山路,广州华宁里,南宁大马路,南昌百花洲,北平杨梅竹斜街,重庆杨家什字,开封中山街。

图书目录 一册,民二十三年。

教育图书局

鼓楼中山路四〇〇号

国立中央图书馆木印部

(国学书局,江南书局,江楚编译官书局,淮南官书局均归该馆接办。)

萃文书局

状元境

书目　一册,民二十三年。

（收售旧书）

钟山书店

中央大学门前蓁巷口

分店:南京太平路,上海西门文庙路。

江苏—苏州

大华书店

景德路二五五号

新旧书目　一册,第二期,民二十三年。

江苏省立苏州图书馆印行所

图书目录　一册,民二十三年。

特约经售处:

交通书局　观前街察院场。

来青阁书庄

护龙街嘉余坊巷

书目　一册,第三期,民二十三年。

振新书社

观前街

书目　一册

浙江省—杭州

抱经堂书局

城站新福缘路十二号至十四号

旧书目录　一册,第十二期,民二十三年。

（收售旧书及新刻新印书籍。）

浙江省立图书馆木印部

杭州大学路(函购部)

新民路省立图书馆分馆(发行部)

问经堂

（收售旧书）

后初斋书店
城站

目录　一册,第一期,民二十三年。

（专营国学旧书）

经训堂书店
城站新福元路七十七号

旧本书目　一册,第十期,民二十三年。

实学西书社
迎紫路二号

目录　一册,民二十三年。

（影印西文书籍）

江西省—南昌
江西书局
（木版书籍）

湖南省—长沙
集古书局
承办局刻家刻新书目录　一张,民二十三年。

鸿雪印书社
（翻印西文书）

常德
思贤书局

湖北省—武昌
武昌亚新地学社
察院坡十八号

分社:上海棋盘街宝善里,南京太平路门帘桥,广州广卫路华宁路,长沙三坪府长郡中学。

目录　一册

新华昌印书馆

察院坡

目录　一册,民二十三年。

(代售影印西书)

湖北官书处(前崇文官书局)

巡道岭

书目　一张

西书流通合作社

珞珈山

(影印西文书籍)

汉口

金城图书公司

圣书公会

保阳路

山东省—济南

山东书局

院西大街西首路北八十二号

图书目录　一册,民二十二年。

木板书籍目录　一册,民二十二年。

经售:北平武学局,上海军政书局,北平军学编社,南京军用图书社。

东方书社

教育书社

新鲁书社

北洋书店

西门内大街

山西省—太原

山西书局(前为山西官书局再前为浚文书局,民国二十三年一月始改
今名。)

桥头街

目录　一册,民二十三年。

广东省—广州市

沙面印务有限公司

岭南图书流通社

文明路一四五号

书目　一张,民二十三年。

经售:广雅书局刊本书籍,中山大学国学书籍。

广雅板片所

广州图书馆内或双门底西湖街

四川省—成都

四川存古书局

青石桥街

书目　一册

(旧书)

志古堂

学道街

书目　一册

重庆书店

天主堂街

代理处:上海三民公司

图书目录　一张,民二十三年。

广西省—南宁

三管图书馆

大夏书局

强华书局

云南省—昆明市

云南省立图书馆售书处

书目　一册